どこでも刑法

♯総論

和田俊憲

第一歩を踏み出す前に

どこでも　　→　　刑法（総論）

購入日 から 改訂版発売日 までに限り有効

途中下車・引き返し可

（必要に応じて他の文献にあたったり，前の箇所を参照しながら読み進めましょう）

1. 古典的三大プロフェッション

〈古典的三大プロフェッション〉というものがある。古今東西を問わず社会的に高い評価を受けている3種の専門職である。どの職業がこれにあたると思うかと訊かれたら、あなたは何を挙げるだろうか。

職業に貴賎なしといわれるところでもあり、ある職業が職業として成り立っていること自体、それが継続的に社会に必要とされていることを示しているから、3つに限定せよといわれてもたしかに難しいのであるが、一般的には、〈医者〉、〈宗教家〉、そして〈法律家〉の3つであるとされている。

なぜこの3つなのか。それは、これらの職が昔から、人の最も基本的な部分が壊れないように予防し、壊れたときには治すという専門的な役割を担っているからである。医者は、人の身体を扱う。宗教家は、人の心に焦点をあてる。心と体は、それなしでは人が存立しえない要素である。では、法律家はどうだろうか。これは、人と人との関係を対象にしている。人間関係も心と体と同様に、人が生きていくうえでなくてはならないものであるから、それが壊れたり壊れそうになったりしたときに――言い方を換えれば、紛争や事件が発生したときに――それを専門的に治し、解決する行為には、高い価値が認められているのである。

2. 人間関係を権利・義務で構成する法学

法律家が人間関係の修復業あるいは紛争解決業であるということは、そもそも法は人間関係を対象にするものであり、法学はそれについて専門的に探究する学問だということである。

ところで，人間関係を扱う領域は法に限られないが，法の特徴は，そのすべてを権利と義務の要素で構成するところにある。

　たとえば，XがYの自動車を盗んだとしよう。もともとYが買った自動車なのであれば，その自動車に対してYは所有権を有しており，それを盗んで手元に置いているXに対してYは所有権に基づく返還請求権をもち，盗んだXはそれを返還する義務を負う。XがYを殴ってけがさせたという場合も同様である。YはXに対して不法行為に基づく損害賠償請求権を有し，Xは損害賠償の義務を負うということになる。

　盗まれたものは返せといえる，あるいは，人にけがをさせたら治療費を払わなければならないという当たり前のことを，小難しく権利とか義務とかといった言葉で言い換えているだけだという印象をもたれがちであるが，そうではない。権利や義務は，その用語が重要なのではなく，どのような条件がととのったときにそれが発生するかが厳密に決められているところに（そして，さらにそれを強制的に実現できるところに）1つのポイントがある。これを〈法的要件〉と〈法的効果〉という。法学は，どのような〈法的要件〉が満たされたときに，どのような〈法的効果〉が生じるかを，専門的に学ぶ領域である。

3. 国家の刑罰権を扱う刑法

　法の領域も，さらに性質の異なる分野に分けられる。さきほど挙げた例は，Xという私人とYという私人との間の紛争について，YがXに対して権利（所有権に基づく返還請求権や不法行為に基づく損害賠償請求権）を有し，XがYに対してその義務を負うというものだった。このような私人間（しじんかん）の権利・義務の関係を扱うのは，

民法である。

　これに対して，同じく私人と私人の間の紛争であっても，それに基づいて国と私人の間に権利・義務関係が生じることがある。上の例でいえば，Ｙの自動車を盗んだＸには窃盗罪が成立し，ＹをけがさせたＸには傷害罪が成立し，これらの場合，犯罪者Ｘに対する刑罰権が国に生じて，犯罪者Ｘは懲役刑や罰金刑といった刑罰を受ける義務を負う。このような国家刑罰権を扱うのが，刑法である。

　したがって，刑法は，どのような〈法的要件〉，すなわち犯罪成立要件がととのったときに犯罪が成立して刑罰という〈法的効果〉が生じるかを定めた法であり，刑法学は，この犯罪成立要件と刑罰について明らかにしようとする学問分野である。

4．刑事法のなかでの刑法総論の位置づけ

　刑法学は，刑事法学と呼ばれる分野の一部である。ある人が誰かの利益を害したとして，そこに犯罪が成立するかどうかを扱うのが，刑法学である。その事件について捜査して刑事裁判にかけて判決を言い渡して，といった手続について検討するのが刑事訴訟法学である。そして，刑事手続が終了した後の犯罪者の処遇のあり方や，犯罪現象の統計的分析，犯罪の予防方法などを研究するのが，刑事政策学である。

　それらの総体としての刑事法学の一部として位置づけられる刑法学であるが，その中には，犯罪の成立要件を扱う「犯罪論」と，犯罪が成立したときに科される刑罰を対象とする「刑罰論」とがある。一般的な刑法学のイメージとしては，犯罪の成立要件は法律の条文で厳格に定められているから，それは知識として覚える

ものであり、検討すべきなのは、刑罰とは何かとか、なぜ刑罰を科すことが許されるのかといったことである、ということになるだろうか。それも重要なのではあるが、実際は、犯罪の成立要件は条文をみただけではわからない点だらけであり、そこには、まさに専門的に漕ぎ出すべき広大で深遠な世界が待ち受けている。それゆえ、大学の「刑法」と名のつく講義の大部分の時間は、犯罪の成立要件を明らかにする犯罪論にあてられる。本書で扱うのも、ほとんどが犯罪論である。

さらに、犯罪論も「総論」と「各論」に分けられる。「各論」は、個々の犯罪――殺人罪や傷害罪、監禁罪、住居侵入罪、窃盗罪、強盗罪、放火罪、文書偽造罪、偽証罪、収賄罪、そして秘密漏示罪（刑法134条。なぜここで秘密漏示罪だけ条文数を挙げるのかは、条文を読めばわかると思う）など――の成立要件を扱う分野である。これに対して、「総論」は、犯罪の種類の違いを越えて共通する犯罪の基本構造を扱う分野である。本書が対象にするのは、各種犯罪の共通構造を扱う「刑法総論」であり、正確にいえばそのなかでも特に「犯罪論の総論」である。

5. 刑法を学ぶことの意味

この社会はさまざまな問題にあふれており、われわれはそれらを解決し、よりよい社会を目指しながら生きている（はずである、または、そういうことになっている）。そして、問題の解決を図る際には、多様な観点からそれにあたることが重要である。すべての問題を政治的に解決しようとしたり、あるいは技術的に解決しようとしたりしても、うまくいかない。法は、人間関係が絡む問題を解決する視点の1つであり、法曹（裁判官・検察官・弁護士）や

その他の法律の専門職（パラリーガルなど）に限らず，法的解決の思考と技法を専門的に身につけている人は，広い意味での〈法律家〉として，ほかの分野の〈専門家〉と協働しながら，その専門性を活かして問題の解決にあたることが期待されている。法学部卒はつぶしが利くといわれてきたのも，社会の問題の多くは人間関係が絡んでおり，したがって，対処にあたっては法的観点が有用である場面が多いからであろう。重要なのは，法的知識（だけ）ではなく，法的観点から問題解決にあたるという専門性のある感覚と姿勢である。

　刑法総論で犯罪の基本的な構造を学び，その理解に基づいて刑法各論で各種の犯罪ごとの成立要件を学び，さらにほかの法分野も学ぶことで，権利・義務により世界を構成し紛争を解決し人間関係を維持・修復する思考と技法と感覚を専門的に身につけて，社会の大空に〈法律家〉として羽ばたいていただきたいと思う。

6．刑法総論を学ぶことの難しさ

　刑法総論は，体系性が強い分野だといわれる。条文に書かれてはいないが，刑法を専門的に扱う者の共同体のなかで共有されている〈刑法体系〉によって規律されている部分が大きいのである。その〈刑法体系〉の何たるかをいったん感得してしまえば，全体のいわば地図が見えてくるので，個々の論点を深く学習していても迷子にならずにすみ，刑法の旅を楽しむことができる。これに対して，〈刑法体系〉のなかにとにかく飛び込んでみるということに成功しないと，学んでいることがどういうことなのかがまったくピンとこないという状態が続き，しかも，質(たち)が悪いことに，専門家の間でも微妙に異なる複数の〈刑法体系〉が打ち立てられ

ていて，本によっても前提とする体系が異なったりするために，その体系性の強さが刑法への苦手意識を招いてしまうことにもなる。

したがって，重要だと思われるのは，専門家の間で共有されている，すでに理解している人向けの学問的な〈刑法体系〉の理論的順序で学習・教育することではなく，刑法の学習・教育という観点からみて合理的な順序で進めることである。

7．本書の構成

そこで本書では，常識的にわかりやすい事柄からわかりづらい事柄へ，単純な題材から複雑な題材へ，基礎的な理論から応用的な理論へ，といった方向づけを強く意識し，全ページにわたって，そこまでに書かれたことと一般常識と通常の論理的思考力のみに基づき前だけを見て読み進められるように，注意した。

具体的には，まず1巡目として，
(1) 殺人罪や傷害罪といった特に専門的な知識を必要としない犯罪のみを題材として用いながら，最も基本的で単純な犯行形態である故意単独作為犯，すなわち，①1人で，②積極的な作為により，③故意に行為した場合を対象に，犯罪の構造の基本中の基本を説明し，
(2) その①〜③の要素のそれぞれについての若干の応用である，①′複数人による犯罪（共犯），②′消極的な不作為による犯罪（不作為犯），そして③′過失による犯罪（過失犯）を，極力，上記の基本形態とパラレルに解説するとともに，
(3) 例外的に犯罪が不成立とされる正当防衛や責任無能力などの問題を扱う。

そこまでで，刑法総論の骨格部分がすべて明らかになるので，犯罪の基本構造が理解されるはずである。

　それを受けて，2巡目では，肉づけを行っていく。すなわち，
(1) 1巡目で扱った論点のうちの重要なものについて，判例をみながら少々踏み込んだ検討をし，
(2) 複数の項目が組み合わされているために理論的に複雑になっている論点を解説し，
(3) 実際上，理論的に少々無理をして例外的な処罰が追求されている場面を確認したうえで，
(4) 犯罪の成立後と犯罪以前に関わる点についても述べる。

　（なお，それだけであると，単に合理性のみを追求した面白みのないテキストになりかねないので，各ブロックの終わりには異色のコラムを配した。）

8．本書の使い方

　以上のような2部構成および各部における各項目の順序立て（さらにいえば，すべての項目が4頁または6頁であるという形式美をそなえたコンパクトさ）は，刑法総論の入門的教科書としては画期的なものである（という自負がある）。しかし，逆にいえば，各項目の扱われる順序が一般的な刑法総論の講義とは異なる順序なので，戸惑う向きもあるかもしれない。

　さしあたりは，本書の少なくとも1巡目（それは100頁に満たない）をすべて独習したうえで講義に臨むという使い方が（事前に地図が得られるので）有効だと思われる。もちろん，2巡目も基本的には1人で読むだけで理解できると思われるし，そこに書かれているような内容は一般的な刑法総論の講義でも触れられるはず

である。そして，意外に網羅性も高いので，本書の全体を理解すれば，大学や担当教員の違いを問わず，刑法総論の単位は問題なく取得できるのではないかと思う（相性の問題もあるので，保証はしない）。

　それではさっそく本論に入っていこう。

目　次

1巡目　さくさく

単独犯の成立要件 ……………………………………………… 1

Ⅰ　犯罪の基本構造 ……………………………………… 2

　1.　代表的な4種類の犯罪

　2.　客観的要件と主観的要件

　3.　刑法の条文との関係

Ⅱ　因果関係・その1 ……………………………………… 8

　1.　因果関係の2つの要素

　2.　法的因果関係の中身

　3.　複数の原因がある場合

Ⅲ　因果関係・その2 ……………………………………… 14

　1.　法的因果関係の拡張

　2.　因果関係についてのここまでのまとめ

　3.　因果関係の有無と成立する犯罪の種類

Ⅳ　故意・その1 ………………………………………… 18

　1.　意図と確定的故意

　2.　未必的故意，および，故意と行為の同時存在の原則

　3.　犯罪事実の認識・認容

　4.　条文との関係

Ⅴ　故意・その2 ………………………………………… 24

　1.　故意の2つの機能

　2.　故意と実行行為

3. 結果についての故意責任①——方法の錯誤

4. 結果についての故意責任②——因果関係の錯誤と客体の錯誤

5. 故意と客観的要件の関係

Ⅵ 未遂・その1 …………………………………………………… 30

1. 未遂と既遂の関係

2. 未遂犯の成立要件

3. 未遂処罰の前倒し

Ⅶ 未遂・その2 …………………………………………………… 34

1. 危険の発生による前倒し処罰の限界

2. 条文の文言との関係

3. 未遂の処罰

刑 法 隠 語 ① (38)

◯共同正犯の成立要件 …………………………………………… 39

Ⅷ 共同正犯の基本構造 …………………………………………… 40

1. 共同正犯の基本——一部実行の全部責任

2. 共謀と共同実行

3. 共同の故意としての共謀

Ⅸ 共同正犯の因果性 ……………………………………………… 44

1. 再び共同正犯と単独犯の対比

2. 因果関係の中身——心理的因果性と物理的因果性

3. 共犯の離脱／共犯関係の解消——因果性の遮断

4. 共謀の射程——因果性の及ぶ限界

刑 法 隠 語 ② (50)

◯犯罪成立の例外的な否定 ……………………………………… 51

Ⅹ 違法性阻却の基本 ……………………………………………… 52

1. 違法性の阻却

2. 被害者の同意

3. 緊急避難

4. 生命・身体を侵害する場合の特殊な問題

5. その他の違法性阻却事由

XI　正当防衛の基本 ································· 58

1. 正当防衛による違法性阻却

2. 正当防衛の要件

3. 他人のための緊急避難・正当防衛

XII　責任阻却の基本 ································· 62

1. 責任の阻却

2. 心神喪失

3. 刑事未成年

4. 超法規的責任阻却事由

5. 責任阻却の原理

刑 法 隠 語 ③ (66)

○特殊な犯罪行為類型 ································· 67

XIII　不作為犯 ································· 68

1. 不作為犯と作為犯の比較

2. 法的因果関係の起点としての作為義務違反

3. 条件関係としての結果回避可能性

XIV　過失犯 ································· 72

1. 過失犯の構造

2. 過失犯の客観面

3. 過失犯の主観面

XV　狭義の共犯 ································· 76

目　次

1. 教唆の構造

2. 幇助の構造

3. 教唆・幇助における因果性の遮断と限界

4. 共同正犯と教唆の関係

5. 共犯と間接正犯の関係

2巡目　ざくざく

○単一の項目を深める ……………………………………… 83

Ⅰ　因果関係の内容 …………………………………………… 84

1. 法的因果関係の2つの類型

2. 法的因果関係の第3類型

3. 危険の下限

4. 結果回避可能性

Ⅱ　不作為犯における作為義務 …………………………… 90

1. 保障人的地位に基づく作為義務の発生根拠――判例

2. 保障人的地位に基づく作為義務の発生根拠――学説

Ⅲ　被害者の同意 ……………………………………………… 96

1. 総　説

2. 同意傷害における被害者の同意と違法性阻却の関係

3. 被害者の錯誤

4. 被害者の意思抑圧

Ⅳ　正当防衛の前提状況 …………………………………… 102

1. 急迫不正の侵害

2. 正当防衛の前提状況が例外的に否定される場合

3. 侵害の予期

xiii

V 続・正当防衛の前提状況 ……………………………………… 108

1. 侵害の自招

2. 侵害の自招による前提状況否定の例外的否定

VI 正当防衛行為 …………………………………………………… 112

1. 防衛の意思

2. 防衛手段としての相当性

3. 過剰防衛とその限界

VII 故 意 …………………………………………………………… 118

1. 故意の認識対象——事実の認識と意味の認識

2. 未必の故意の認定

3. 故意の種類

VIII 過 失 …………………………………………………………… 124

1. 過失犯処罰の特徴

2. 道路交通事故と信頼の原則

3. 火災事故と管理過失

刑 法 隠 語 ④ (128)

○複数の項目を組み合わせる ……………………………………… 129

IX 早すぎた／遅すぎた構成要件実現 …………………………… 130

1. 因果関係の錯誤の特殊な場合

2. 遅すぎた構成要件実現

3. 早すぎた構成要件実現

X 誤想防衛・誤想過剰防衛 ……………………………………… 134

1. 誤想防衛

2. 誤想過剰防衛

3. 若干の補正

XI 共犯と違法性阻却事由 ………………………………………… 138

目 次

1. 正当防衛と新たな共謀

2. 共犯における違法性阻却の連帯性

3. 共犯における違法性阻却の個別性

XII 過失犯の共同正犯 ………………………… 142

1. 共同正犯処罰の機能

2. 過失犯の共同正犯

刑 法 隠 語 ⑤ (146)

○例外的な処罰を追求する ………………………… 147

XIII 因果性要件の緩和 ………………………… 148

1. 承継的共犯

2. 同時傷害の特例

XIV 危険要件の緩和 ………………………… 152

1. 未遂犯の拡張──現実的危険から仮定的危険へ

2. 方法の不能と客体の不能

XV 主観的要件の緩和 ………………………… 156

1. 抽象的事実の錯誤における故意犯の拡張

2. 原因において自由な行為

刑 法 隠 語 ⑥ (160)

○犯罪成立前後のはなし ………………………… 161

XVI 犯罪成立後の刑の減免事由 ………………………… 162

1. 中止減免の概要

2. 中止行為

3. 中止行為の任意性

XVII 罪 数 ………………………… 168

1. 罪数とは

xv

2. 4種の罪数関係

3. その他の罪数関係

XⅧ　刑法の基本原則 ………………………………………………… 172

1. 刑法の3原則

2. 罪刑法定主義

3. 類推解釈の禁止

XⅨ　刑法の基礎理論 …………………………………………………… 176

1. 刑罰の正当化根拠

2. 手段としての刑罰の性質

3. 刑法の目的・任務

4. 失敗し続ける刑法？

刑 法 隠 語 ⑦ (182)

✠ あとがき ………………………………………………………… 183

索　引 …………………………………………………………… 185

本書のコピー，スキャン，デジタル化等の無断複製は著作権法上での例外を
除き禁じられています。本書を代行業者等の第三者に依頼してスキャンや
デジタル化することは，たとえ個人や家庭内での利用でも著作権法違反です。

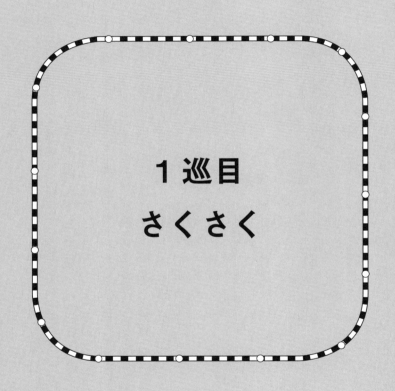

1巡目
さくさく

単独犯の成立要件

ST

　犯罪の最も基本的な類型は〈単独犯〉である。このブロックでは，その成立要件をみていく。

I 犯罪の基本構造

はんざいのきほんこうぞう

1. 代表的な4種類の犯罪

　本書では，具体的な事例を示しながら，どのような行為に犯罪が成立するのかを解説する。常識で判断できる次のような事例から始めよう。

事例 01　Xは，日ごろから罵倒され恨みを募らせていた上司のAを殺害しようと考え，包丁でAの腹部を刺した。その場に倒れたAは間もなく失血死した。

事例 02　Xは，日ごろから罵倒され恨みを募らせていた上司のAを殺害しようと考え，包丁でAの腹部を刺した。その場に倒れたAは，通行人が呼んだ救急車で病院に搬送され，緊急手術を受けて一命を取りとめた。

　事例 01 では，XはAを殺そうとして現に殺しているから，XにはAに対するⓐ殺人罪が成立し，**事例 02** では，XはAを殺そうとして失敗しているから，XにはAに対するⓑ殺人未遂罪が成立する。何も難しいことはない。
　では，次のような場合はどうだろうか。

2

○単独犯の成立要件 ［Ⅰ］

事例 03　Xは，Aと口げんかになり，かっとなってAを突き飛ばした。Aはその場で転倒し，手首を骨折した。

事例 04　Xは，Aと口げんかになり，かっとなってAを突き飛ばした。Aはその場で転倒して頭を打ち，搬送先の病院で脳出血により死亡した。

　少し難しいかもしれないが，結論からいえば，事例 03 では，XにはAに対する©傷害罪が成立し，事例 04 では，XにはAに対するⓓ傷害致死罪が成立する。暴行を加えて被害者が傷害を負うと傷害罪になり，さらに被害者が死亡すると傷害致死罪になるという関係である。こちらも，よく目にする名称であるし，中身も自然と理解できるのではないだろうか。

　さて，いま登場した，ⓐ殺人罪，ⓑ殺人未遂罪，©傷害罪，そして，ⓓ傷害致死罪という4つの犯罪類型について，相互の関係をみていこう。

　第1に，ⓐ殺人罪とⓑ殺人未遂罪に共通するのは，殺意，すなわち，殺人の故意があるということである。これに対して，©傷害罪とⓓ傷害致死罪では，殺人の故意はなく，暴行を加える，あるいは，傷害を負わせるという故意しかない。

　第2に，ⓐ殺人罪とⓓ傷害致死罪では，いずれも被害者が死亡している。これに対して，ⓑ殺人未遂罪と©傷害罪では被害者の死亡結果が発生していない。

　そうすると，この4つの犯罪類型は，(1)殺人の故意の有無と，(2)死亡結果の有無という2つの基準の組合せで区別することができる。つまり，

3

殺人の故意があり，かつ，死亡結果があれば，殺人罪

殺人の故意があり，かつ，死亡結果がなければ，殺人未遂罪

殺人の故意がなく，かつ，死亡結果があれば，傷害致死罪

殺人の故意がなく，かつ，死亡結果がなければ，傷害罪

ということになる。

2. 客観的要件と主観的要件

　上でみたように，殺人罪が成立するためには，(i)死亡結果と，(ii)殺人の故意の両方が必要である。このうち，(i)死亡結果の方を客観的要件，(ii)殺人の故意の方を主観的要件とよぶ。主観的要件は行為者の頭の中の問題であり，客観的要件はそれ以外の外界に関するものである。犯罪の成立要件は，それが何罪であれ，客観的要件と主観的要件からなる。

　これをより詳しくみるために，次の事例でXに殺人罪が成立するかどうかを考えてみよう。

> 事例 05　Xは，日ごろから罵倒され恨みを募らせていた上司のAを殺害しようと考え，お歳暮の品のように見せかけて，毒入りのワインをA宅に送った。Aはワインを受領したが，それを飲む前に持病が悪化し，心臓発作で死亡した。

　事例 05 では，Xに殺人の故意があり，Aは死亡している。しかし，Xに殺人罪が成立しないことは明らかであろう。Xはたしかに A を殺そうとはしたが，現に A を殺したとはいえないからである。X には，せいぜい殺人未遂罪が成立するにとどまる。

　殺人罪が成立するためには，殺人の故意と死亡結果があるだけ

○単独犯の成立要件 ［Ⅰ］

では不十分であり，殺人の故意をもって行われた行為と死亡結果との間に因果関係がなければならない。つまり，行為と死亡結果の間の因果関係も，殺人罪の客観的要件の1つである（そして，そこですでに当然の前提となっていることであるが，因果関係の起点となる行為が存在することも，殺人罪の客観的要件である）。

したがって，殺人罪の成立要件は次のようにまとめることができる。

［殺人罪］
　　客観的要件――①行為
　　　　　　　　　②死亡結果
　　　　　　　　　③行為と死亡結果の間の因果関係
　　主観的要件――④殺人の故意

このような，①行為，②結果，③因果関係，④故意という要件は，基本的に犯罪の種類の違いを超えて共通するものである。何罪かによって異なるのは，上の□□で囲った部分だけである。たとえば，すでに出てきた傷害罪や傷害致死罪についてみれば，次のようになる。

［傷害罪］
　　客観的要件――①行為
　　　　　　　　　②傷害結果
　　　　　　　　　③行為と傷害結果の間の因果関係
　　主観的要件――④傷害の故意

5

［傷害致死罪］

　　客観的要件──①行為
　　　　　　　　　②死亡結果
　　　　　　　　　③行為と死亡結果の間の因果関係
　　主観的要件──④傷害の故意

3. 刑法の条文との関係

　さて，以上でみたような各犯罪の成立要件は，どこに書かれているのだろうか。刑法の条文をみてみよう。たとえば，殺人罪であれば，それを規定しているのは刑法199条である。

（殺人）
199条　人を殺した者は，死刑又は無期若しくは5年以上の懲役に処する。

　199条には「殺人」というタイトルがついていて，それが殺人罪についての条文であることを示している。そして，殺人罪の成立要件を定めているのは「人を殺した」という前半部分であり，殺人罪が成立した場合における法的効果としての刑罰の内容を定めているのが「死刑又は無期若しくは5年以上の懲役に処する」という後半部分である。
　これをみれば明らかなように，刑法の条文に，「殺人罪が成立するためには，行為と，死亡結果と，その間の因果関係が必要である」と直接書かれているわけではない。「人を殺した」という条文の表現から，上でみたような成立要件が解釈によって導かれていることになる。

○単独犯の成立要件 ［I］

　前に述べたように，行為と死亡結果との間に因果関係がなければ「人を殺した」といえないことは明らかであるから，因果関係が必要であることは解釈によって導かれる，というと大げさにきこえるかもしれない。しかし，どのような場合に因果関係が認められるのか，といろいろな具体的事例をもとにして細かく検討し始めると，話はそれほど簡単でないことがわかる。そのことを示すのが，本書の目的の1つである。

　それに関係するけれども本書では扱われない例を挙げておこう。殺人罪の成立要件の1つとして死亡結果があるが，これは具体的にはどのような内容だろうか。周知のとおり，脳死は人の死かという議論がある。被害者が脳死状態に陥ったが心臓はまだ動いているという場合，殺人罪や傷害致死罪における死亡結果を認めてよいだろうか。これは，条文の表現からただちに結論が導ける話ではない。傷害罪における傷害結果も同様である。被害者の髪の毛や爪を勝手に切ったり，被害者を気絶させたりしたような場合に，傷害結果を生じさせたといえるだろうか。

　これらは，それぞれの犯罪類型に特有の問題であるので，各犯罪類型の成立要件を個別に検討する刑法各論で扱われることになる。これに対して，本書が対象にしている刑法総論は，犯罪類型の違いを超え共通して認められる犯罪の基本構造を扱う分野である。そこで，以下では，客観的要件のうち因果関係と，主観的要件としての故意について，若干詳しくみていくことにしたい。

Ⅱ 因果関係・その1
いんがかんけい・そのいち

1．因果関係の2つの要素

　殺人罪や傷害致死罪が成立するためには，行為者の行為と被害者の死亡結果との間に因果関係がなければならない。因果関係の有無に着目して，次の2つの事例を比べてみよう。因果関係の有無の結論自体は明らかであるが，理由はどのように説明されるだろうか。

> 事例 06　Xは，上司のAを殺害しようと考え，お歳暮の品に見せかけて，毒入りワインをA宅に送った。Aはワインを受領し，毒入りであることに気づかないまま，これを飲んで中毒死した。
>
> 事例 07　Xは，上司のAを殺害しようと考え，お歳暮の品に見せかけて，毒入りワインをA宅に送った。Aはワインを受領したが，それを飲む前に持病が悪化し，心臓発作で死亡した。

　後者の**事例 07** で因果関係が**否定**されるのは，Xが毒入りワインを送らなくてもAは同じく心臓発作で死亡していただろうといえるからである。つまり，行為の有無によって結果が変わらないからである。

　では，逆に，**事例 06** で因果関係が**肯定**されるのは，Xが毒入

○単独犯の成立要件［Ⅱ］

りワインを送らなければ A は中毒死していなかったといえるからなのだろうか。もし，**事例 06** で因果関係が肯定される理由をそのように，〈**行為がなければ結果が発生しなかった**〉といえるからだと説明するのだとすると，次の事例はどのように判断されることになるだろうか。

事例 08 　X は，上司の A を殺害しようと考え，職場の休憩時間中，A のデスクに毒入りコーヒーを置いた。これを知らずに飲み苦悶して倒れた A は，病院に搬送され，医師に解毒措置を施されて一命を取りとめたものの，その夜，病院で火災が発生して，A は焼死した。

　事例 08 では，X が毒入りコーヒーを A に供しなければ，A が病院に搬送されることもなく，最終的に A が焼死することはなかったのであるから，〈行為がなければ結果が発生しなかった〉という関係はある。しかし，この事例で因果関係を肯定して X に殺人罪を認め，X が「人を殺した」ものとするのは，結論として妥当ではないだろう。この事例で因果関係を否定するための説明は，次のようなものである。

　X の行為に認められる危険は，A が**中毒死するという危険**である。しかし，実際には，A は**焼死**した。したがって，〈X の行為の危険が A の死亡結果に実現した〉という関係がなく，因果関係は認められない。

　このように，〈行為の危険が結果に実現したといえるか〉という基準で判断される因果関係を，**法的因果関係**とよんでいる。これに対して，前に出てきたように〈**行為がなければ結果が発生しなかったといえるか**〉という基準で判断されるのは，論理的な**条件**

9

関係である。

これまでみたところをまとめると，次のようになる。
① 条件関係がなければ因果関係は否定される。
② 条件関係があっても，法的因果関係がなければ因果関係は否定される。

したがって，刑法において行為と結果の間の因果関係を認めるには，法的因果関係と条件関係の両方が肯定される必要がある。この2つは，因果関係を表と裏から基礎づけるものといえる。

因果関係 ＝ 法的因果関係 ＋ 条件関係

2．法的因果関係の中身

行為の危険が結果に実現するということが何を意味するのかを，もう少し踏み込んでみてみよう。

事例 09 Xは，上司のAを殺害しようと考え，Aのデスクに毒入りコーヒーを置いた。これを知らずに飲んで倒れたAは，救急車で搬送されたが，搬送中に交通事故に巻き込まれ，脳挫傷で死亡した。

前に挙げた事例08では，Aが適切な医療措置を施されて安全な状態を確保した後に，火災という別の原因により焼死したのに対して，この事例09では，Aがまだ中毒死の危険に瀕している状態で死亡しており，因果関係を認めてもよいと感じる人が出てくるかもしれない。しかし，行為の危険は中毒死の危険であったのに対して，生じた結果は脳挫傷による死亡であるから，行為の危険が結果に実現したとはいえず，法的因果関係は否定されるこ

○単独犯の成立要件［Ⅱ］

とになる。つまり、傷害を負わせ、それが生理的に悪化して死亡
結果が生じたというつながりがあることが重要である。

　そのような関係があれば、途中で異常な事態が介在していても、
行為の危険が結果に実現したといえることを示すのが、次の例で
ある。

事例 10　Ｘは、底の割れたビール瓶でＡを突き刺し、頸部の血管
　損傷の傷害を負わせた。出血多量で病院に搬送されたＡは緊急手
　術を受けて、いったんは容態が安定し、担当医は全治３週間との
　見通しをもった。しかし、Ａは、無断退院しようとして体から治
　療用の管を抜くなどして暴れ、医師の指示に従わずに安静に努め
　なかったため、治療効果が減殺され、その日のうちに容態が急変、
　５日後、転送先の病院で、頸部の創傷に基づく頭部循環障害によ
　る脳機能障害で死亡した。

　最高裁は、事例 10 のような事案で、傷害致死罪の成立を肯定
している（最決平成 16 年 2 月 17 日刑集 58 巻 2 号 169 頁。「最決」は
「最高裁判所決定」の略、「刑集」は、この判例が掲載されている「最高
裁判所刑事判例集」の略であり、判例は、このように裁判所の名称、年
月日、掲載されている判例集のページ数等で特定されて表示される）。

　いったんは容態が安定したのに、患者が自ら治療効果を減殺す
るような行為に出るというのは、通常ありうることではない。し
かし、そのような事情があったとしても、当初の行為が生じさせ
た傷害から体内の生理機能が悪化して死亡結果が発生していれば、
行為と結果の間の法的因果関係は肯定できる。

　死因となる傷害を負わせることが因果関係の判断において決定
的であることは、次のような事例で因果関係が認められることに

も表れている。

事例 11 　Xは，Aの頭部等を多数回殴打する暴行を加え，Aに脳出血を発生させて意識消失状態に陥らせた後，Aを大阪南港の資材置き場まで自動車で運搬し，午後10時40分同所に放置して立ち去ったところ，Aは翌日未明，同所で脳出血により死亡した。資材置き場においてうつ伏せの状態で倒れていたAは，生存中に何者かにより角材でその頭頂部を数回殴打されており，その暴行はすでに発生していた脳出血を拡大させ，幾分か死期を早める影響をもつものであった。

　最高裁は，このような事案で，Xに傷害致死罪の成立を肯定している（最決平成2年11月20日刑集44巻8号837頁）。因果関係の判断においては，死亡時期が多少変動することは重要でなく，死因の形成こそが重要であるということになる。行為が傷害を生じさせ，それが死因となって死亡結果が発生していれば，それ以外の因果経過の部分に通常はありえない事情があっても，法的因果関係は肯定できるのである。

　かつて一般的だったのは，因果経過が一般に予見可能な範囲で通常のものといえるかどうかを基準にして因果関係を判断する見解であったが，現在は，上記のような理解が一般化している。

3．複数の原因がある場合

　行為が物理的・生理的に死因の形成に関与していれば，その行為が唯一の原因である必要はないと考えられている。たとえば，次のような事例である。

○単独犯の成立要件 ［Ⅱ］

事例 12 　Ｘが高齢のＡを布団でぐるぐる巻きにする暴行を加えた
ところ，もともと有していた心臓疾患と相まって，Ａは急性心臓
死により死亡した。

　最高裁は，ここでも因果関係を肯定している（最判昭和 46 年 6
月 17 日刑集 25 巻 4 号 567 頁）。

　一般的には，人を布団でぐるぐる巻きにする行為には死亡結果
をもたらす危険性はない。したがって，事例 12 では，Ａの心臓
疾患こそが死亡原因であるという見方もできる。

　しかし，Ａが心臓疾患を有する高齢者であることを前提とすれば，
Ｘによる暴行は急性心臓死の危険を有する行為だったということ
ができる。行為の危険は，その具体的事案における相手方の状況
などの客観的事情を前提として判断されるべきである。法的因果
関係において問われるのは客観的な危険の実現であるから，相手
方のそのような特殊な状況などを行為者が認識している必要はな
いし，一般的に外から見て認識可能である必要もない。具体的な
事情を前提として行為の危険性が判断され，その危険が結果に実
現しているといえれば，法的因果関係を肯定することができる。

　逆に，事例 12 で因果関係を否定してしまうと，Ａが死亡した
のはただＡの心臓疾患のみのせいであるということになってしま
う。これは，弱者保護の観点から望ましくないという指摘がな
されている。

13

Ⅲ 因果関係・その2

いんがかんけい・そのに

1. 法的因果関係の拡張

　判例においては，行為が直接的に死因を形成した場合以外でも因果関係が肯定されており，法的因果関係が認められる範囲は拡張している。

　事例 13　Xは深夜公園でAに対し2時間以上にわたり極めて激しい暴行を繰り返した後，マンション居室において同様の暴行を加えていたが，Aは，約45分後，隣人が騒音の苦情を言いに訪れたすきに，居室から逃走した。逃走開始から約10分後，AはXによる追跡から逃れるため，上記マンションから約800m離れた高速道路に進入し，疾走してきた自動車に衝突され，後続の自動車に轢かれて死亡した。

　最高裁は，これに類似する事案で，Xの暴行行為とAの轢死という死亡結果の間の因果関係を認め，傷害致死罪の成立を肯定した（最決平成15年7月16日刑集57巻7号950頁）。
　いきなり車道に突き飛ばすような暴行であれば別であるが，殴る蹴るの暴行には，通常，被害者が交通事故により轢死する危険は認められない。したがって，かりに，行為の危険が**直接的に**結

○単独犯の成立要件 ［Ⅲ]

果に実現した場合にのみ法的因果関係を認めるのだとすると，**事例13で因果関係を肯定することはできない。**

　しかし，この事例を詳しく分析すると，次のようになる。被害者Ａが死亡したのは，自動車に轢かれたからである。その主要な原因の１つは，通常は人が徒歩では立ち入らない高速道路に被害者Ａが進入したことである。なぜ，通常，人は高速道路に立ち入らないかといえば，自分の生命・身体にとって危険だからであり，そのような危険は回避するのが防衛本能だからである。それにもかかわらずＡが高速道路に立ち入ったのは，高速道路に立ち入る行為の危険性を過小評価したか，または，Ｘに発見され追いつかれた場合に予想される再度の暴行の危険性を過大評価したか，そのいずれかまたは両方であり，つまりは，通常の判断ができない心理的状況にＡが陥っていたからである。そして，通常の判断ができないＡの心理的状況は，Ｘの暴行により心理的圧迫を受けたことで形成されたものであるということができる。

　以上から，Ｘの暴行には，Ａを心理的に強く圧迫し，通常の判断ができない状態で不適切な行為を行わせる危険があり，その危険が実現する過程で，高速道路に立ち入るというＡの不適切な行為が生じ，そこからＡの轢死結果が生じたといえる。

　こうして，このような事例では，行為の危険が被害者の心理を介して**間接的に**結果に実現したという説明がなされることになる。そのような場合にも，法的因果関係は認められているのである。

2. 因果関係についてのここまでのまとめ

　一般に誤解されやすいが，因果関係は科学的に証明される対象ではない。〈原因―結果〉の関係としてどの程度のつながりがあ

るときに因果関係があるとするかは，学問等の分野・領域ごとに議論して決めるべき事柄である。

　刑法における因果関係は，たとえば，殺人罪であれば「人を殺した」(199条) といえるかという問題であり，傷害致死罪であれば「よって人を死亡させた」(205条) といえるかという問題である。いうまでもなく刑罰は，殺人罪の方が殺人未遂罪よりも重く，傷害致死罪の方が傷害罪よりも重いから，これは，**行為者を，〈被害者の死亡結果を発生させた〉という理由で，そうでない場合よりも重く処罰することが正当化できるかどうか**という問題であり，それが正当化できる程度の強いつながりが行為と結果の間に認められるかという問題である。

　そして，〈行為の危険が結果に実現した〉といえるときに行為と結果の強いつながりを認めるというのが，判例を題材にした研究の結果として近年共有されている整理である。これに従って事例ごとに危険実現の構造を分析することが求められる。

　危険の実現を考える際に注目すべきなのは，**危険源の大きさ**と，被害者における**防御態勢の不十分さ**である。

① 　重大な物理的危険が設定され，それが直接結果に実現した場合は，危険の実現が肯定できる。その際には，結果に対する寄与度の小さい介在事情，たとえば，死因の形成と無関係な事情は無視してよい。被害者が病院で暴れた**事例10**や，被害者が第三者に殴打された**事例11**が，その例である。

② 　設定された物理的危険がそれ自体として重大なものではなくても，被害者の防御態勢が不十分で，一般人よりも脆弱である場合には，そのことを前提にすれば，結局のところ，重大な危険が設定され，それが直接結果に実現したものと評価

することができる。高齢の被害者をぐるぐる巻きにした**事例12**が，その例である。

③　以上のような危険の直接的な実現が肯定できない場合でも，被害者の防御態勢の不全を招いたといえる場合には，通常はありえない被害者の不適切な行為等を介して，危険を間接的に実現したものということができる。被害者が高速道路に進入した**事例13**が，その例である。

3. 因果関係の有無と成立する犯罪の種類

　殺人罪が成立するためには，①行為，②死亡結果，③行為と死亡結果の間の因果関係，そして，④殺人の故意が必要であった。そして，このうち死亡結果が発生しなかった場合は，殺人未遂罪が成立するにとどまるのであった。

　これと同様に，殺意に基づく行為があり，死亡結果が発生しても，行為と死亡結果の間の因果関係が否定される場合は，成立するのは殺人未遂罪である。因果関係が否定されるときは，結果が発生しなかったのと同じ法的効果が導かれることになる。

　傷害の故意の場合も，死亡結果が発生して因果関係も認められれば傷害致死罪が成立するが，死亡結果が発生しなかった場合や，死亡結果は発生したが因果関係が否定される場合は，せいぜい傷害罪が成立するにとどまる。

Ⅳ 故意・その1
こい・そのいち

1. 意図と確定的故意

　殺人罪や殺人未遂罪が成立するためには，**主観的要件**として，殺人の故意（殺意）が認められなければならない。殺人の故意が否定され，傷害の故意しか認められない場合に成立するのは，傷害致死罪や傷害罪である。殺人の故意が認められることによって，傷害致死罪ではなく，より重い殺人罪が成立することになり，また，傷害罪ではなく，より重い殺人未遂罪が成立することになる。

　では，殺人の故意とはいったい何であろうか。故意というのは，一般的には，わざと，とか，わかっていながら，といった意味である。刑法における故意は，どのようにわざとなのか，あるいは，どの程度わかっていたのか，という程度や質の違いによって，いくつかの種類に分けられる。

|事例 14| Xは，保険金をだまし取ろうと企て，事故に見せかけて，睡眠薬で眠らせたAを自動車ごと海に転落させた。Aは間もなく溺死した。

　ここでXは，Aが死亡しないと保険金が取得できないのであるから，積極的にAを殺したいと考えている。Xに認められる

のは，殺人の故意の中でも，**意図**とよばれる強い故意である。Xには当然，殺人罪が成立する。

事例 15　Xは，保険金をだまし取ろうと企て，Aの食事に毒物を混入させた。Xは，用意できた毒物の量が少ないため，Aを確実に死亡させられはしないが，失敗した場合は改めて別の手段をとればよいので，今回は失敗してもよいと考えていた。

ここでも，Xには殺人の意図が認められる。確実に死亡させられるという認識がなくても，意図があれば殺人の故意は肯定できる。したがって，Xには，Aが死亡すれば殺人罪が成立し，Aが死亡しなくても殺人未遂罪が成立する。

事例 16　Xは，10階建てのビルの屋上でAの言動に腹が立ったので，Aを下に突き落とした。Aは路面に体を強く打ち付けて死亡した。

この場合，Xは，保険金目的の事例とは異なり，Aを死亡させることを主目的にして行動しているわけではなく，その意味で，必ずしもAを積極的に死亡させたいと考えているわけではない。しかし，Xは，自分の行為によってAが確実に死亡するだろうと認識していたと考えられる。このような場合に認められる故意を，**確定的故意**とよぶ。Xには殺人の確定的故意が認められるので，殺人罪が成立する。

故意を認めるためには，(i)積極的な目的（意図）があれば，結果発生の確率は小さいという認識でも足り，(ii)結果発生の確率が高いという認識（確定的故意）があれば，積極的な目的はなくてもよいと整理される。

2. 未必的故意，および，故意と行為の同時存在の原則

故意は，意図や確定的故意より薄いものでも足りるとされている。どれくらい薄いものでもよいのか。次の事例を比べてみよう。

事例 17　Xは，Aが死亡するかもしれないし死亡しないかもしれないと認識しつつ，橋の上からAを突き落とした。Aは橋の下の湖で溺死した。

事例 18　Xは，橋の上からAを突き落とすことを企てた。Xは，Aが死亡するかもしれないと思ったものの，Aは泳ぎが得意であることを思い出し，結局のところAが死亡することはないと考えて，Aを突き落とした。しかし，Aは橋の下の湖で溺死した。

事例 17 と**事例 18** のXはいずれも，Aを死亡させる可能性があることを，行為に先立って認識している。違いがあるのは，最終的にその認識を打ち消したうえで行為に出たかどうかである。**事例 17** のXは，死亡させることの認識を維持したまま行為に出ているので，殺人の故意が認められる。これに対して，**事例 18** のXは，死亡させることの認識を打ち消してから行為に出ているため，殺人の故意が否定される。

ここでポイントとなるのは次の2つである。

第1に，故意は，事前にどのような認識を有していたかではなく，**行為に出た時点**での行為者の主観面の問題である。ある行為を故意犯として処罰対象にするためには，その行為の時点で故意が認められなければならない。これを，**故意と行為の同時存在の原則**という。事例 18 では，まさにAを突き落とす時点では殺人の故意がないので，殺人罪は成立しない。

○単独犯の成立要件［Ⅳ］

　第2に，行為の時点で，結果が発生しないかもしれないという認識が併存していても，そのことのみによって故意が否定されることはない。つまり，行為者の主観面に〈結果が発生して犯罪となる事実〉と〈結果が発生せず犯罪とはならない事実〉とがともに描かれているときは，故意が認められる。この場合の故意を，**未必的故意**という。**事例 17** では，殺人の未必的故意が肯定され，殺人罪の成立が認められる。

3. 犯罪事実の認識・認容

　以上要するに，〈自らの行為から結果が発生するという事実〉を認識しながら，あえて行為に出たときに，その事実についての故意が認められることになる。このことを指して，一般に，〈**故意とは，犯罪事実の認識・認容である**〉とされている。

　〈犯罪事実の認識・認容〉は，犯罪を構成する事実を主観面に思い描きながら（＝認識），あえて行為に出る（＝認容）ということによって認められる。行為から結果が発生するという客観的要件がみたされていれば，あえて行為に出たということはすでに前提になるから，重要なのは〈犯罪事実の認識〉がどのような場合に認められるかである。これは，(ⅰ)認識の対象である〈犯罪事実〉とは何かという問題と，(ⅱ)主観面がどのような状態であるときに〈認識している〉といえるのかという問題に分けられる。それぞれ詳しくみると以下のとおりである。

　(ⅰ)故意における認識の対象は，たとえば殺人罪であれば，〈自分の行為から因果関係が認められる形で人の死亡結果が発生する〉という事実である。つまり，〈犯罪の客観的要件に該当する事実の外形〉を認識しなければならない。これは，**事実の認識と**

よばれる。これに対して、〈自らの行為が刑法に違反して犯罪を構成する〉ということの認識、すなわち、**法的評価の認識**は、故意を認めるために必要ではない。つまり、事実の認識があれば、〈この行為は犯罪を構成せず法的に許される〉と誤って認識していたとしても、故意は否定されない。

> **事例 19** X は、日本の刑法では出産直後の子を死なせても犯罪ではないと勘違いして、産まれたばかりの子 A を殺害した。

　ここで X は、〈自らの行為から因果関係が認められる形で人の死亡結果が発生する〉という事実の認識がある。したがって、〈この行為は犯罪とは評価されない〉と認識していたとしても、殺人の故意は認められ、殺人罪が成立する。

　(ⅱ)主観面がどのような状態であるときに〈認識している〉といえるのかという問題については、行為の時点で行為者の主観面に〈犯罪となる事実〉が描かれていれば、同時に〈犯罪とはならない事実〉が描かれていても、故意は肯定できる。これは、未必的故意についてすでに述べたとおりである。そして、主観面に〈犯罪となる事実〉が描かれていれば故意としては十分であるので、それを超えて意図等があるかどうかは、量刑上は意味があるとしても、犯罪の成否には影響しない事柄となる。つまり、未必的故意が、**故意の最低限度**を画しているということになる。

4. 条文との関係

　犯罪は故意がある場合にのみ成立するのが原則である（**故意犯処罰の原則**）。これは、「罪を犯す意思がない行為は、罰しない」（38 条 1 項本文）と規定されている。「罪を犯す意思」という別の

○単独犯の成立要件 [Ⅳ]

語句が使われているが，これは故意のことである（条文上も 38 条のタイトルは「故意」である）。この原則に従うと，殺人罪でいえば，「人を殺した」（199 条）というのは「故意に人を殺した」という意味になる。

これに対して，例外的に故意がなくても成立する犯罪がある。たとえば，傷害致死罪は，「身体を傷害し，よって人を死亡させた」（205 条）と規定されている。この犯罪は，傷害についての故意があれば，死亡結果については故意がなくても，成立することが前提となっている。これについては，先ほどの故意に関する条文が，「罪を犯す意思がない行為は，罰しない」とするのに続けて，「ただし，法律に特別の規定がある場合は，この限りでない」（38 条 1 項ただし書）と規定している。つまり，故意が全面的にあるいは部分的に欠けても犯罪が成立するという解釈を許す「特別の規定」であれば，例外的にそのような故意のない行為を処罰することも許される。

以上に加えて，「法律を知らなかったとしても，そのことによって，罪を犯す意思がなかったとすることはできない」（38 条 3 項本文）という条文もある。前に述べたように，〈この行為は犯罪を構成せず法的に許される〉と誤って認識していたとしても，そのことによって故意は否定されないことを規定したものである。

V 故意・その2
こい・そのに

1. 故意の2つの機能

　危険運転致死罪という犯罪がある。これは刑法ではなく,「自動車の運転により人を死傷させる行為等の処罰に関する法律」という特別法に規定されている犯罪である。たとえば,アルコールの影響により正常な運転が困難な状態で自動車を走行させ,事故を起こして,人を死亡させると成立する（同法2条1号）。

　この犯罪は故意犯だろうか。一般には,自分で飲酒して危険な運転だとわかっていたのだから故意による犯罪であり,重く処罰すべきだと指摘される。これに対して,法律の専門家は,故意に殺したわけではないから,故意犯ではないという。

　ここに故意の2つの側面が現れている。第1は,**行為それ自体を故意に**行っているかどうかである。危険運転致死罪は,故意の危険運転行為を要素としており,単に前方不注意で事故を起こして人を死亡させたような過失犯とは性質が異なる。第2は,**結果に対する故意**があるかどうかである。危険運転致死罪は,死亡結果についての故意が必要とされない犯罪である。死亡結果について故意があれば,殺人罪になる。

　この2つの側面に対応させると,故意には次の2つの機能があ

ることになる。第1は，何罪の故意に基づく行為かを決定する機能であり，つまり，**何罪の実行行為か**を決める機能である。第2は，その行為から現に発生した結果についての故意が認められるかに関係する機能であり，つまり，事後的に生じた**結果に対する故意責任を問えるか**に関わる機能である。それぞれどういうことかをみていこう。

2. 故意と実行行為

故意の第1の機能をみるために，次の2つの事例を比べてみよう。

> 事例 20 Xは，ささいなことから歩道上でAと口論になり，かっとなってAを突き飛ばしたところ，Aは車道に倒れ込み，ちょうどそこに走行してきた自動車に轢かれて死亡した。
> 事例 21 Xは，ささいなことから歩道上でAと口論になり，Aに対する殺意が生じ，ちょうど自動車が走行してきたのを見て，Aを車道に突き飛ばしたところ，車道に倒れ込んだAはその自動車に轢かれて死亡した。

この2つの事例では，いずれにおいてもXがAを車道に突き飛ばしており，Xが行ったのは客観的には同じ行為である。しかし，主観面をみると，Xは，事例20では暴行・傷害の故意しか有していないのに対して，事例21では殺人の故意をもって行為に出ている。この場合，突き飛ばすという客観的には同じ行為であっても，事例20のように傷害罪の故意に基づく行為は**傷害罪の実行行為**（あるいは単に，傷害の実行行為）とよばれるのに対して，事例21のように殺人罪の故意に基づく行為は**殺人罪の実行行為**

（あるいは単に，殺人の実行行為）とよばれる。そして，傷害の実行行為から死亡結果が発生すれば傷害致死罪が成立し，殺人の実行行為から死亡結果が発生すれば殺人罪が成立するというのが基本的な考え方である。

3. 結果についての故意責任①──方法の錯誤

殺人の実行行為から死亡結果が発生すれば殺人罪が成立するのが基本ではあるが，次のような特殊な場合について検討しておく必要がある。これは故意の第2の機能の問題である。

事例 22 Xは，Aを殺害しようと考えてAに向けて拳銃の引き金を引いたが，弾が外れて，流れ弾がBに当たり，Bが死亡した。

事例 22 で，殺意をもって拳銃の引き金を引くというXの行為は殺人の実行行為である。そこから狙ったAではなくBの死亡結果が発生しているが，Bに対する殺人罪をXに認めてよいだろうか。

このように，狙ったものとは異なる客体に結果が発生した場合を，打撃の錯誤，あるいは，**方法の錯誤**とよぶ。Bの死亡結果が生じることについて，Xには予見がなかった（行為の時点からみて将来の事実についての認識は，特に予見とよばれる）。そのように具体的に予見しなかったBの死亡結果についての故意責任をXには問うべきではないという見解も，学説上は有力である。つまり，現に発生した犯罪事実ごとに具体的な故意が認められなければならないという立場である。

これに対して，判例・多数説は，このような方法の錯誤がある場合であっても，Bに対する殺人罪の成立を肯定する。そのこと

○単独犯の成立要件　[V]

を示した判例の事案は次のようなものである。

事例 23　Xは，歩道上で，警官Aから拳銃を奪うために，周りに人影がなくなったときを見計らって，Aを死亡させるかもしれないと認識しつつ，Aに向けて改造鋲打ち銃で鋲を発射したが，鋲はAの身体を貫通したうえ，たまたま約30m先の道路反対側にいたBにも当たり，AとBは傷害を負った。

最高裁は次のような判断を示した（太字は筆者による）。

「犯罪の故意があるとするには，罪となるべき事実の認識を必要とするものであるが，犯人が認識した罪となるべき事実と現実に発生した事実とが必ずしも具体的に一致することを要するものではなく，**両者が法定の範囲内において一致**することをもって足りるものと解すべきである……から，人を殺す意思のもとに殺害行為に出た以上，犯人の認識しなかった人に対してその結果が発生した場合にも，右の結果について殺人の故意があるものというべきである。」（最判昭和53年7月28日刑集32巻5号1068頁）

ここでいう「法定の範囲内」とは，「同一の犯罪の範囲内」ということである。この考え方からは，結局，殺人罪の実行行為が認められれば，そこから因果関係が認められる形で客観的に発生した死亡結果については，すべて故意責任が肯定されて，そのすべてについて殺人罪が成立するということになる。

なお，**事例23**では，AもBも傷害を負っただけで死亡結果は発生していないので，Xに成立するのはAに対する殺人未遂罪とBに対する殺人未遂罪である（拳銃を奪う目的があるので，正確には，いずれも強盗殺人未遂罪である。これは各論で習う）。

4. 結果についての故意責任②
——因果関係の錯誤と客体の錯誤

　判例・多数説の立場からは，行為者が認識しなかった人について発生した死亡結果についてすら殺人の故意が肯定されるのであるから，行為者の認識と客観的な事実とのずれがより小さい次のような場合にも，当然に殺人の故意が肯定されて，殺人罪が成立する。

> 事例 24　Xは，Aを橋から突き落として下の湖で溺死させようと企て，誘い出したAを橋の上から突き落としたが，Aは橋脚に衝突し，脳挫傷により死亡した。

　ここでは，Xが主観面に描いていた因果経過と，客観的に実現した因果経過との間にずれが生じている。このような場合を，**因果関係の錯誤**とよぶ。もしXが，この橋を吊り橋だと勘違いしていた場合は，橋脚の存在を認識していなかったことになるから，現に結果に実現した危険を認識していなかったということになり，生じた結果について故意を認めるべきではないという考え方もありうる。しかし，判例・通説は，因果関係の錯誤があっても故意は否定されないという立場をとっている。

> 事例 25　Xは，Aを殺害しようと思い，前にいる人を拳銃で撃ったところ，倒れたその人をよく見ると，それはAではなくBだった。

　これは，**客体の錯誤**とよばれる事例である。殺害する客体を別人と勘違いしたとしても，目の前にいるその人を殺害することは正しく認識しているから，殺人の故意は当然に認められる。

○単独犯の成立要件 ［V］

5. 故意と客観的要件の関係

ここまでの説明で，犯罪の原則形態における犯罪成立要件の基本部分がカバーされる。殺人罪を例にしてその成立要件をまとめると，次の2通りの説明がありうる。

［第1の説明］
客観面では，①行為と，②死亡結果と，③その間の因果関係が必要である。そして，主観面では，行為の時点で，④殺人の故意，すなわち，自らの行為から被害者の死亡結果が発生するという事実についての認識が必要である。

客観面：①行為　→　③因果関係　→　②結果
主観面：④故意

［第2の説明］
Ⓐ殺人の実行行為，すなわち，殺人の故意（自らの行為から被害者の死亡結果が発生するという事実についての認識）に基づいて実行される行為と，Ⓑ死亡結果と，Ⓒその間の因果関係が必要である。

Ⓐ故意に基づく実行行為　→　Ⓒ因果関係　→　Ⓑ結果

この2つは，結局，全体として挙げられる要素は同じであるから，（方法の錯誤を除き）特に大きく異なることを言おうとするものではない。しかし，犯罪の基本構造を示すこれらの説明が，これから先，何度も登場するだけでなく，場面ごとにこの2つの説明が使い分けられることがあるので，注意が必要である。そのとき簡単にふりかえることができるように，このページには付せんを貼るなりマーカーで印をつけるなりしておこう。

Ⅵ 未遂・その1
みすい・そのいち

1. 未遂と既遂の関係

　未遂は，行為に出たにもかかわらず客観面が既遂に至っていない場合である。したがって，未遂は，既遂の客観的要件のうち何が欠けるかによって分類することができる。次の事例で確認してみよう。

事例 26　Xは，Aを拳銃で撃とうとしたが，弾が外れた。

事例 27　Xは，Aを拳銃で撃ち弾が当たったが，Aは搬送先の病院で緊急手術を受け，一命を取りとめた。

　事例 26 と **事例 27** は結果が発生しなかった場合であり，これが殺人未遂罪になるのは容易にわかる。これに加えて未遂には，行為と結果の間の因果関係が否定される場合も含まれる。

事例 28　XがAの弁当に致死量の毒を盛ったところ，Aは弁当を食べようとした瞬間，心臓発作を起こして死亡した。

事例 29　XがAの弁当に致死量の毒を盛ったところ，Aは弁当を食べ，苦しさのあまり屋外に出て助けを求めたが，通り魔に刺殺された。

○単独犯の成立要件［VI］

　事例 28 は条件関係が否定される場合であり，**事例 29** は法的因果関係が否定される場合である。いずれも成立するのは殺人未遂罪である。

　殺人罪と殺人未遂罪の成立要件の関係をまとめれば，次のようになる。

［殺人罪］
　①行為 ──────────→ ②死亡結果　→否定されれば殺人未遂罪
　│　　　　　　　│
　│　　　　　　　③因果関係　→否定されれば殺人未遂罪
　④殺人の故意

　ちなみに，「殺人罪」は，「殺人未遂罪」（または「殺人未遂」）と対照させて特に「殺人既遂罪」（または「殺人既遂」）とよばれることもあり，また，「殺人既遂罪」と「殺人未遂罪」を併せて「殺人罪」とよぶ用語法もある。

2.　未遂犯の成立要件

　殺人未遂罪では，殺人罪の要件のうち，②死亡結果，および，③因果関係が不要だとすると，殺人未遂罪の成立要件は次のように整理されるのだろうか。

［殺人未遂罪］
　①行為
　│
　④殺人の故意

　もしこれが正しいのだとすると，次の事例では殺人未遂罪が成立することになる。

事例 30　Xは，Aを殺害するため，毒入りの日本酒をお歳暮の品のように装ってA宛てに発送したが，郵便車が交通事故に遭ったため，それはA宅に配達されずに終わった。

　Xは，Aに対する殺人の故意をもって毒物を発送するという行為を行っている。しかしそれだけでは殺人未遂罪は成立しないと考えるのが多数の見解であり，判例も基本的には同じ立場をとっている。未遂犯としての処罰を実質的に基礎づけるのは，**既遂に達する具体的危険**を生じさせたことであると考えられているのである。事例 30 では，毒入りの日本酒が現に A 宅に配達され，Aがその日本酒を飲もうとする時点に至ってはじめて，Aが死亡する具体的危険が発生するといえるので，それまでは殺人未遂罪は成立しないと解される。

　未遂犯の処罰根拠が既遂の具体的危険に求められることは，刑法の目的と関係している。刑法の目的は法益――法的保護に値する利益（殺人罪であれば生命）――を保護することにあると考えられており，そのため犯罪は，法益を侵害したり危険にさらしたりしたときにのみ成立を認めるべきだと考えられている。

　そうすると，殺人未遂罪の構造は，基本的には殺人既遂罪とパラレルに理解することになり，殺人未遂罪の成立要件は，殺人既遂罪の要件のうち〈死亡結果〉の部分を，〈死亡結果が発生する具体的危険〉に入れ替えたものになる。

[殺人未遂罪]

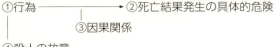

○単独犯の成立要件［Ⅵ］

3. 未遂処罰の前倒し

毒物を郵送して殺害する場合や，時限爆弾を設置して殺害する場合のように，行為から時間的・場所的に離れたところで被害者への作用が生じる場合を，**離隔犯**とよぶ。そのような事例では，上でみたように，行為を行うだけではなく，既遂に達する具体的危険が生じたところではじめて未遂犯が成立することになる。

もっとも，実際には，行為が行われる時点で既遂の具体的危険も生じるという場合が多い。そうすると逆に，結果を発生させるための最後の行為がまだ行われていなくても，既遂の具体的危険が発生したといえれば，その時点で未遂の成立を認めてもよいということになりうる。そのことを，次の殺人の事例でみてみよう。

事例31 Xは，Aを殺害する目的で，(ⅰ)拳銃を入手し，(ⅱ)Aの自宅に自動車で乗りつけ，(ⅲ)無施錠の窓からA宅に侵入し，(ⅳ)Aの寝室に立ち入って，(ⅴ)就寝中のAに拳銃を向け，(ⅵ)引き金を引いた。

犯罪は通常，準備行為から時間的に発展して既遂に至る構造を有しているが，未遂はその一段階を画するものである。**事例31**では，(ⅰ)の凶器準備の時点で殺人予備罪（201条）に該当し，そこから(ⅱ)(ⅲ)と既遂の危険が高まり，(ⅳ)のあたりで（遅くとも(ⅴ)に至る前に）殺人未遂罪が成立する。殺人罪の形式的な実行行為は(ⅵ)の引き金を引く行為であるが，それよりも早い段階に前倒しして未遂処罰が肯定されている。それは，その時点ですでに，既遂の具体的危険が肯定できるからである。そこでは，**行為と同時に危険が発生**し，両者間の因果関係も自動的に認められることになる。

Ⅶ 未遂・その2
みすい・そのに

1. 危険の発生による前倒し処罰の限界

　危険の発生による未遂の前倒し処罰をより分析的に理解するために，判例で問題となった事案をみてみよう（少し改変している）。

事例 32　Xは，Aを殺害するため，Aを薬物で失神させ，意識を失ったAを自動車に乗せて自動車ごと海中に沈めるという計画を立てた。Xは計画どおりクロロホルムをかがせてAを失神させたが，急にかわいそうになったのでそれ以降の犯行は中止した。

　この事例で，計画上の形式的な実行行為は，被害者を海中に転落させる行為である。しかし判例の考え方によると，被害者にクロロホルムをかがせる行為の開始時点で，すでに殺人未遂の要件がみたされる。なぜそのような前倒しが認められるのだろうか。

　判例で指摘されているのは，(i)第1行為（クロロホルムをかがせる行為）に成功すればそれ以降の殺害計画を遂行するうえで障害となるような特段の事情が存しないことである。これは，第1行為の完了時における**結果発生の具体的危険**を示している。重要なのは，ほかにも，(ii)第1行為が第2行為（海に転落させる行為）を確実かつ容易に行うために必要不可欠であること，そして，(iii)第

○単独犯の成立要件［Ⅶ］

1行為と第2行為の間に時間的・場所的近接性があることも指摘されていることである。このうち(ii)は，第1行為が第2行為（形式的な実行行為）に**密接に関連する行為**であることを示し，(iii)は，時間的・場所的要素により上記の密接関連性や具体的危険が否定されないことを示している。

つまり，未遂犯の処罰を実質的に基礎づけるのは，既遂の具体的危険を発生させたことであるが，既遂の場合に実行行為とされるものと密接に関連した行為が行われている必要があるという形で，未遂処罰の前倒しに歯止めがかけられているのである。

2. 条文の文言との関係

以上のことを，条文の文言に照らして確認してみよう。未遂犯の成立時期は，「犯罪の実行に着手し」たときである（43条本文）。この**実行の着手**の時期は，次のように判断される。すなわち，①形式的な実行行為（「犯罪の実行」）を基準とし，②それに**密接に関連する行為**に前倒しされうる（「着手」の用語が前倒しの形式上の根拠になる）。それとともに，③未遂犯の実質的な処罰根拠である**結果発生の具体的危険**が認められることが必要である。したがって，②があっても，その時点でまだ③がなければ，③の発生まで未遂の成立は先延ばしされるし，逆に③は，②が認められる範囲でしか考慮されない。

なお，殺人罪や性犯罪のように他人の身体に対する攻撃を要素とする犯罪においては，被害者の身体に対する攻撃がなされた時点で未遂が肯定されやすい。**事例32**では，被害者にクロロホルムをかがせる行為は，直接の殺害行為ではないものの，被害者の身体に対する攻撃である点も重要である。

35

3. 未遂の処罰

　ある犯罪類型について未遂を処罰する場合は，必ずその旨の規定が個別におかれる（44条）。たとえば殺人罪（199条）の未遂を罰することは203条が定めている。逆に，未遂を処罰する旨の規定が存在しない犯罪類型は，既遂に至ってはじめて処罰することができる。

　未遂を処罰する場合，その刑は減軽することができる（43条本文）。刑は減軽しなくてもよく，減軽するかしないかは裁判所の裁量である（**裁量的減軽**とよばれる）。

　具体的な事件における刑罰の決定は，①成立した犯罪の**法定刑**の中から，②**刑種を選択**し（69条），③68条に従って**処断刑**を導き，④その範囲内で**宣告刑**を決めるという手順によってなされる。殺人未遂罪を例にすれば，具体的には次のようになる。

　まず，殺人罪の法定刑は，Ⓐ死刑，Ⓑ無期懲役，Ⓒ 5 年以上の有期懲役である（199条）。このうち有期懲役刑は上限が20年と定められているので（12条1項），Ⓒは結局，5 年以上20年以下の懲役となる。

　そして，裁判所はここから刑種を選択する。すなわち，Ⓐ～Ⓒのうちいずれを適用するかを決める。

　次いで，処断刑が導かれることになるが，未遂による刑の減軽はこの段階でなされる。上記Ⓐ～Ⓒのいずれの刑種を選択するかと，㋐未遂による減軽をしないか，㋑未遂による減軽をするかの組合せによって，6 通りに分かれる。

　（ⅰ）死刑を選択し，未遂減軽がなされなければ，処断刑は死刑のままである。

○単独犯の成立要件　[Ⅶ]

(ii)　死刑を選択し，未遂減軽がなされれば，処断刑は無期の懲役または10年以上30年以下の懲役である（68条1号。死刑や無期懲役を減軽する場合の有期懲役は，上限が30年とされる〔14条1項〕）。

(iii)　無期懲役を選択し，未遂減軽がなされなければ，処断刑は無期懲役のままである。

(iv)　無期懲役を選択し，未遂減軽がなされれば，処断刑は7年以上30年以下の懲役である（68条2号）。

(v)　有期懲役を選択し，未遂減軽がなされなければ，処断刑は5年以上20年以下の懲役のままである。

(vi)　有期懲役を選択し，未遂減軽がなされれば，処断刑は2年6月以上10年以下の懲役である（68条3号）。

法定刑	処断刑（㋐減軽しない場合，㋑減軽する場合）
Ⓐ死刑	㋐死刑 ㋑無期懲役または懲役10年〜30年
Ⓑ無期懲役	㋐無期懲役 ㋑懲役7年〜30年
Ⓒ懲役5年〜20年	㋐懲役5年〜20年 ㋑懲役2年6月〜10年

　以上で得られた処断刑の範囲内で，たとえば「被告人を懲役12年に処する」というように，具体的な宣告刑が言い渡される。

　したがって，殺人未遂罪についてありうる刑の範囲は，下限が懲役2年6月，上限が死刑ということになる（なお，酌量減軽という制度もあり〔66条・67条〕，それも適用される例外的な場合には，懲役1年3月まで軽くすることができる）。

┤├┼├┼├┼├┼┤）刑 法 隠 語 ①（┼├┼├┼├┼

　刑法の魅力の１つは，裏の世界のはなしだというところにある。
そして，裏の世界といえば，隠語。ということは，刑法に関係す
る隠語を学ぶと，魅力が２乗されるはずである。『新修　隠語大
辞典』（皓星社，2017 年）に収載されているもののうち，いくつか
を紹介していこう。

＊　＊　＊

　暴行・傷害行為を指すものとしては，「焼きを入れる」のよう
な一般に知られたもののほか，「こごめを入れる」や「つちまく」
があり，若干不穏だが「よろこび」も同義である。単純な殴打を
指すのは「はす」や「しょせ」，「べたりゆき」であり，逆に「た
たむ」や「かぶす」，「せこつかす」は，傷害だけでなく殺人まで
広く含む意味になる。

　「お饅頭になる」は殺されることをいい，殺すことを指すのは，
「ねむす」（＝眠らせる）や「とめる」（＝息の根を止める）である。
特に斬り殺す場合に「ちらす」や「ばらす」というのは，怖い表
現であるが意味はわかる。

　殺人を指すことばですぐに意味がわからないのは，「六字にか
えす」であろうか。これがどのような６文字を指すのかについて
は，**刑法隠語②**を参照。

共同正犯の成立要件

SK

　犯罪は，複数人で実行されることが少なくない。このブロックでは，複数人が関与する犯罪の典型である〈共同正犯〉の成立要件をみていく。

Ⅷ 共同正犯の基本構造
きょうどうせいはんのきほんこうぞう

1. 共同正犯の基本――一部実行の全部責任

ここまで扱ってきたのは，すべて1人で犯罪を実現する単独犯の成立要件であった。これに対して，現実には，複数人で犯罪を実現する場合が少なくない。その典型が，共同正犯とよばれる形態である。

事例 33　XとYは，Aを殺害する計画を立て，包丁を2本準備し，一緒にAを待ち伏せして，2人で同時に前と後ろからAを包丁で刺して失血死させた。

この場合，XとYには殺人罪の共同正犯が成立する。共同正犯は2人以上であればよく，人数に制限はない。もっとも，人数が多い場合は，次のように犯行を分担するのが普通であろう。

事例 34　XとYとZは，Aを殺害する計画を立て，Xが拳銃を準備し，YとZが現場を下見して，Yが見張りをしている間に，ZがAを射殺した。

この場合も，X・Y・Zの3人に殺人罪の共同正犯が成立する。直接にAを殺害する行為を実行しているのはZのみであるが，

XとYもAの殺害計画に参加しており，Zと共同してAに対する殺人を実行したということができる。

Zは，Aを射殺した場面だけをみれば殺人罪の単独犯の要件をみたすが，事前にX・Yと共謀しており，その共謀に基づいて殺人を実行しているから，結局，ZもX・Yと共同して殺人を実行したことになって，Zにも殺人罪の共同正犯が成立する。

そうすると，殺人罪の共同正犯が認められるために重要なのは，(i)殺人の**共謀**が成立していることと，(ii)その共謀に基づいて殺人が実行されて被害者が死亡していることである。殺人の共謀に参加した者は，共謀参加者のうち誰が実際に殺人を実行したのであれ，全員に殺人罪の共同正犯が成立する。個々人は犯行の一部を分担しているだけでも，実現した犯罪全体の責任を負うので，**一部実行の全部責任**とよばれる。

2. 共謀と共同実行

共謀の典型は，**事例33**や**事例34**のような計画的な犯罪において事前に成立するものであるが（**事前共謀**），犯行の現場でとっさに意思を通じ合って成立する共謀もある（**現場共謀**）。

事前共謀または現場共謀が成立し，その共謀に基づいて実行行為が行われ，結果が発生して全員に共同正犯が成立した場合，**事例33**のX・Yや**事例34**のZのように犯罪の実行行為を担当した者に成立するのを**実行共同正犯**とよび，**事例34**のX・Yのように実行行為を担当しなかった者に成立するのを**共謀共同正犯**とよぶ。実行共同正犯であっても，共同正犯の成立を支えているのは共謀であるから，混乱しないようにしておきたい。

共同正犯を定めた条文は，「2人以上共同して犯罪を実行した

者は，すべて正犯とする」（60条）としている。実行共同正犯だけでなく，共謀共同正犯も「共同して犯罪を実行した」に該当するものとされているのである。

3．共同の故意としての共謀

共同正犯の構造を理解するために，単独犯の基本構造を思い出しておこう。ありうる2つの説明のうちの第2の説明は次のようなものだった。

[単独犯の第2の説明]

Ⓐ故意に基づいて実行される行為と，Ⓑ結果と，Ⓒその間の因果関係が必要である。

Ⓐ故意に基づく実行行為　→　Ⓒ因果関係　→　Ⓑ結果

これと同じ構造で共同正犯を整理すると，次のようになる。

[共同正犯の説明・その1]

Ⓐ共謀に基づいて実行される行為と，Ⓑ結果と，Ⓒその間の因果関係が必要である。

Ⓐ共謀に基づく実行行為　→　Ⓒ因果関係　→　Ⓑ結果

ここでは，共謀が，単独犯における故意と同じところに位置づけられているのがわかる。つまり，共謀は，**共同の故意**だということになる。共同の故意とは，意思を通じた2人以上の者の間での**故意の合致**である。殺人罪であれば，2人以上の者がそれぞれ殺人の故意をもってそれを合致させると，そこで殺人の共謀が成

○共同正犯の成立要件 ［Ⅷ］

立する。そして，共謀に参加した者のうちの誰かが，その共謀に基づき殺人を実行して被害者を死亡させると，共謀参加者の全員に殺人罪の共同正犯が成立する。

　したがって，ていねいにいえば次のような説明になる。

［共同正犯の説明・その2］
　Ⓐ′共謀の成立，そして，Ⓐその共謀に基づいて実行される行為と，Ⓑ結果と，Ⓒ行為と結果の間の因果関係が必要である。

　Ⓐ′共謀の成立→Ⓐ共謀に基づく実行行為→Ⓒ因果関係→Ⓑ結果

　これを再び単独犯に引きなおすと，次のようになる。

　Ⓐ′故意の成立→Ⓐ故意に基づく実行行為→Ⓒ因果関係→Ⓑ結果

　ここでは「故意の成立」が登場している。前に単独犯の成立要件を説明する際，故意の成立にふれなかったのは，行為者が1人である場合には，実行行為時における故意だけが重要であり（故意と行為の同時存在の原則），事前にどのような故意を有していたかは問題にする必要がないからである。

　これに対して，行為者が複数人となる共同正犯では，共謀としての故意の合致は，実行行為の時点での各行為者の主観面をみるだけでは必ずしも判断できず，実行行為が共同の故意に基づいて実行されたというためには，共謀の有無を，共謀の成立時点に遡って確認する必要がある。

IX 共同正犯の因果性
きょうどうせいはんのいんがせい

1. 再び共同正犯と単独犯の対比

　犯罪はあくまで個人の行為について成立するものであり，他人の行為についての刑事責任を負わせるべきではない。共同正犯について，一部実行の全部責任というだけでは，個人の行為責任という観点からは分析が不十分である。では，個々人の行為に焦点をあてると，共同正犯はどのような構造のものとして理解されるだろうか。

事例 35　XとYは，Aの殺害計画を立て，YがAを射殺した。

　この場合，自ら射殺行為を実行していないXも，Yと共同して実行したと評価されるのではあるが，Yによる射殺行為それ自体が，Xの行為でもあるとみなされるわけではない。殺人罪の共同正犯が成立するXの行為は，あくまでX自身の行為でなければならない。それは具体的には，2人の間でAに対する殺人の共謀を成立させた行為しかない。

　ここで，前に述べた，単独犯の成立要件についてありうる2つの説明のうちの第1の説明を思い出してみよう。

[単独犯の第1の説明]

　客観面では，①行為と，②結果と，③その間の因果関係が必要である。そして，主観面では，行為の時点で，④故意，すなわち，自らの行為から結果が発生するという事実についての認識が必要である。

```
　　　　①行為　→　③因果関係　→　②結果
　　　　│
　　　　④故意
```

　これと対応させて，**事例 35** の X に成立する殺人罪の共同正犯の構造を分析すると，次のようになる。すなわち，客観面においては，①殺人の共謀を成立させる行為から，②′ 共謀に基づく Y による殺人の実行行為を経て，②A の死亡結果が発生し，③共謀成立行為と殺人実行行為の間，そして，殺人実行行為と死亡結果の間に，それぞれ因果関係がある。また，主観面においては，④共謀成立行為の時点で，故意，すなわち，自らの行為から Y の実行行為を経て A の死亡結果が発生するという認識がある。

```
　　①共謀を成立させる行為→③因果関係→
　│　　②′ 共謀に基づく他人の実行行為→③因果関係→②結果
　④故意
```

　行為と結果が因果関係で結ばれているところは単独犯と同じで，違いは因果の流れが他人の実行行為を介している点にある。共謀が成立しているのであるから，故意は肯定できる。

2. 因果関係の中身——心理的因果性と物理的因果性

　共謀を成立させる行為から最終的な結果に至るまでの因果関係の中身を，少し具体的に分析したい。その前提として単独犯の法

的因果関係を思い出してみよう。

事例 36　Xは，Aの頸部に傷害を負わせた。Aは緊急手術を受けて容態が安定し，担当医は全治3週間の見通しをもった。しかし，Aが体から治療用の管を抜くなどして暴れたため，治療の効果が減殺され，1週間後に，Aは当初の傷害を原因として死亡した。

事例 37　Xは，長時間にわたりAに激しい暴行を加えた。隙をみて逃げ出したAは，Xの追跡を逃れるため，高速道路に進入したが，走行してきた自動車に轢かれて死亡した。

　どちらもXに傷害致死罪が成立する事例である。つまり，Xの行為とAの死亡結果との間には法的因果関係が認められる。
　このうち事例36では，行為の危険が物理的に発展して死亡結果に**直接実現**している。被害者自身が治療効果を減殺するという通常はありえない事情が介在していても，行為の危険の物理的な実現という流れは否定されない。ここでの因果関係を**物理的因果関係**とよんでおこう。
　これに対して事例37は，危険の**間接実現**の事例である。死亡結果を発生させた直接の原因はAの進入行為であるが，Xの激しい暴行がAの心理に脅迫的に作用したことを考慮すると，Aが不適切な進入をすることは不自然な流れではないとされたのであった。ここでは，行為の危険が被害者の**心理を介して**死亡結果に実現しているということができる。ここで認められる因果関係は，いわば**心理的因果関係**である。
　共同正犯では，共謀を成立させる行為の危険が，実行行為を介して間接的に結果に実現するという形をとる。したがって，共謀成立行為について問題となる因果関係は，その後実行行為を行う

者の心理に対する作用を要素とするものであり，単独犯における上記の心理的因果関係に対応したものになる。その具体的な内容を，次の事例を比較することでみてみよう。

事例 38　Zは，1人でAの殺害計画を立て，計画どおりAを射殺した。

事例 39　XとYとZは，Aの殺害計画を立て，計画に従って，ZがAを射殺した。

殺人罪の単独犯が成立する**事例 38** のZは，実際にAに対する殺人を実行するまで，いつでも自由に中止することができる。これに対して，殺人罪の共同正犯となる**事例 39** のZは，事前にX・Yとの共謀があると，実行すると約束した手前，やめづらくなる。犯罪の共謀には，そのように，実行行為者の**心理を拘束**して，犯罪行為をやめる契機を失わせる危険がある。共謀を成立させる行為のその危険が，実行行為を介して，結果に間接的に実現するのが，共同正犯である。共犯におけるこのようなつながりは，一般に**心理的因果性**とよばれる。

事例 39 では，最終的に実行行為を行うZも，事前にX・Yと共謀を成立させることによって，将来の自分自身の心理を拘束していることになる。

なお，心理的因果性は，故意とは異なる。実行行為者の心理を介した因果性なので，共謀を成立させる行為からみると客観的要素であることに注意が必要である。

共同正犯で必須なのは上記のような心理的因果性であるが，共謀参加者が凶器を準備したり，犯行の障害を取り除いたりして，実行行為が物理的に容易な状態が作り出されると，そこから先は

物理的因果性が生じる。したがって，共同正犯の因果関係は，通常，心理的因果性と物理的因果性の複合体である。

3. 共犯の離脱／共犯関係の解消──因果性の遮断

共謀の成立によって因果の流れが生じても，その後，共謀参加者の一部が離脱することによって共犯関係が解消する場合がある。離脱の時点までにどのような危険性が生じていたかがポイントであり，その危険性が結果に実現する流れを離脱行為によって遮断したといえる場合に，共犯関係が解消する。共犯関係が解消すると，その後に発生した結果について離脱行為者は因果性を有しないから，責任を負わないことになる。

事例 40 ＸとＹは，Ａを殺害することを共謀したが，Ａ宅に向かう途中で，Ｘは「やっぱり気が乗らないので帰る」と言って立ち去った。Ｙは，1人でＡ宅を訪れ，Ａを殺害した。

事例 41 ＸとＹは，Ａを殺害することを共謀し，ともにＡ宅に窓を壊して侵入したが，Ｘは「やっぱり気が乗らないので帰る」と言って立ち去った。Ｙは，1人でＡを殺害した。

これらにおいては，Ｘが離脱した時点ですでに生じていた危険の内容が異なる。**事例 40** では，殺人の実行に向けてＹの心理が拘束されていたことしか認められない。これに対して，**事例 41** では，住居のバリアが突破されており，Ｙによる殺人が物理的に容易な状況が生じている。

したがって，Ｘが「帰る」と宣言して立ち去り，これをＹが了承した場合に，**事例 40** では，その時点での唯一の要素である心理的因果性が遮断され，Ｘには殺人罪の共同正犯は成立せず，

○共同正犯の成立要件 [IX]

Yには殺人罪の単独犯が成立する。これに対して，**事例41**では，心理的因果性が遮断されても物理的因果性は残り，XとYに殺人罪の共同正犯が成立する。

4. 共謀の射程——因果性の及ぶ限界

自ら積極的に因果性の遮断を行っていなくても，他の行為者の計画変更によって自動的に因果性が及ばなくなる場合がある。

> 事例 42 XとYは，Aを殺害することを共謀し，Yが実行することになった。YがA宅に行くとAは不在だったため，Yは計画を変更して，隣家のBを殺害した。

この場合，Bに対する殺人を実行する際に，Yの犯罪意思は事前のXとの共謀に拘束されてはいない。つまり，Xの共謀成立行為と，Yの殺人実行行為との間には，共同正犯の心理的因果性が認められない。これは伝統的に，Yによる殺人実行行為はXとの**共謀の射程**を超えるものであると表現される。結論として，Xに殺人罪の共同正犯は成立せず，Yに殺人罪の単独犯が成立する。

これに対して，**事例42**とは異なり，XとYの共謀の内容が，誰でもよいから殺害するというものであった場合は，共謀の射程はBの殺害にまで及び，XとYには殺人罪の共同正犯が成立する。

ここでは，共謀が具体的にどのような心理的拘束力をもっていたかを評価し，実行行為がその範囲内で行われたかどうかを判断する必要がある。

────────）刑 法 隠 語 ②（────────

　共犯に関係する隠語をみていこう。

　「松葉」や「両袖」は，どちらが欠けても用をなさないという
意味で，重要な役割を分担した対等な2人組の共同正犯であるこ
とがよくわかることばである。3人組になると，「三本立ち」や
「三枚者」という。もう少し人数が増えると，「山を組む」。独力
では止め難い感じがよく表現されている。

　「とは」や「れつ」も共犯を指すが，その理由については**刑法
隠語③**を参照。

　犯罪の謀議をすることを「らうす」または「祝言（しゅうげん）」という。
特に気になるのは前者であるが，残念ながら語源だけでなく，動
詞であるのか否かすらも不明である。少なくとも，知床半島の羅
臼やインドシナ半島のラオスが関係しているという証拠は得られ
ていない。

　ちなみに，単独犯行は「相ざし」という。一見，共犯を思わせ
るが，〈被害者と相対する〉ということのようである。そうだと
すると，被害者のいない犯罪（賭博罪や薬物の自己使用罪など）の
単独犯行に用いるのは不適切だということになりうるが，その場
合も，〈刑法規範と相対している〉と考えればよいだろうか。

＊　＊　＊

刑法隠語①の答えは，「南無阿弥陀仏」である。

犯罪成立の例外的な否定

SH

ここまでみてきた犯罪の要件をみたす行為であっても，犯罪の成立が例外的に否定されることがある。このブロックでは，どのような場合にそれが認められるのかをみていく。

X 違法性阻却の基本

いほうせいそきゃくのきほん

1. 違法性の阻却

ここまで扱ってきたような犯罪成立の客観的要件と主観的要件をみたす行為であっても，事情をより広く観察するとその行為は正当化されるべきである，すなわち，結局のところ犯罪を成立させるべきでない，と考えられる場合がある。このように，犯罪の要件を形式的にみたし（これを，**構成要件該当性**があるという），したがって違法だと推定されるが，結局，正当化されて違法性が否定されることを，**違法性の阻却**という（違法性阻却の根拠となる法的理由を**違法性阻却事由**という）。違法性が阻却されれば，犯罪は成立しない（理由の違いを問わず，結論として犯罪が成立しない場合を，**不可罰**という）。

2. 被害者の同意

違法性阻却事由の典型の1つは，被害者の同意である。

事例 43　Xは，満員電車で横に立ったAの長髪がうっとうしかったので，持っていたはさみで勝手に散髪した。

事例 44　Xは，夫Aが，髪が伸びてうっとうしいので切ってくれ

るように頼んできたので，望みどおりＡの髪を切った。

事例43のように人の髪を勝手に切ると暴行罪が成立する。これに対して，**事例44**では，暴行罪の構成要件該当性は同じく認められるものの，違法性が阻却されて不可罰となる。

被害者が自らの**法益**（法的保護に値する利益）を失うことに同意している場合は，その法益を刑法が保護する必要はない。不必要な処罰をするべきではないので，違法性が阻却される。**法益性欠如の原則**とよばれる。

個人的法益（生命・身体・自由・名誉・財産など特定の個人に属する法益）に対する罪は，被害者の同意があれば違法性が阻却されるのが原則である。逆にいえば，被害者の意思に反することが犯罪の成立要件であり，被害者の同意がある場合は，そもそも構成要件該当性がないといってもよい。

たとえば，マッサージ店の店員が客の肩を叩いても，暴行罪（208条）は成立しない。車掌が乗客らの乗った列車の扉を閉めても，監禁罪（220条）は成立しない。友人の招きに応じてその自宅に立ち入っても，住居侵入罪（130条）は成立しない。タレントが相方の悪行をテレビのバラエティ番組でしゃべっても，名誉毀損罪（230条）は成立しない。「ご自由にお取りください」というパンフレットを取っても，窃盗罪（235条）は成立しない。解体業者が依頼を受けて住宅を解体しても，建造物損壊罪（260条）は成立しない。

3. 緊急避難

違法性阻却事由のもう1つの典型は，緊急避難である。

事例 45　Xは，横を歩いているAの話を聞いて腹が立ったので，Aを突き飛ばしてかすり傷を負わせた。

事例 46　Xは，前方から自転車が暴走してきたので，衝突されて大けがをするのを避けるために，横を歩いていたAをとっさに突き飛ばして逃げた。Xは無傷だったが，突き飛ばされたAはかすり傷を負った。

　第三者の行為や自然災害などを原因として〈法益 α〉が害されそうになっている場合，その〈法益 α〉を守るために他人の〈法益 β〉を侵害する行為は，一定の条件のもと，緊急避難として違法性が阻却される（37条1項本文）。**事例45**ではXに傷害罪が成立するのに対して，**事例46のX**は，傷害罪の構成要件該当性が認められるものの，緊急避難により違法性が阻却される。

　緊急避難の要件は，

（ⅰ）　個人的法益に対する現在の危難（「自己又は他人の生命，身体，自由又は財産に対する現在の危難を避けるため」）

（ⅱ）　補充性，すなわち，ほかに手段がないこと（「やむを得ずにした行為」）

（ⅲ）　害の均衡（「これによって生じた害が避けようとした害の程度を超えなかった場合」）

である。

　次の各事例は，緊急避難が認められない事例である。

事例 47　Xは，翌日，Aが襲撃してくるという話を聞いたので，Bの車を盗んで逃げた。

事例 48　Xは，前方から自転車が暴走してきたので，衝突されて大けがをするのを避けるために，横を歩いていたAをとっさに突

○犯罪成立の例外的な否定［Ⅹ］

き飛ばして逃げた。Ⅹが反対側に逃げれば，誰も突き飛ばさずに
すんだ。

事例 49　Ⅹは，前方から自転車が暴走してきたので，衝突されて
けがをするのを避けるために，横を歩いていた A をとっさに突き
飛ばして逃げた。車道に突き飛ばされた A は，走ってきた自動車
に轢かれて死亡した。

　事例 47 では現在の危難がなく，事例 48 では補充性がなく，
事例 49 では害の均衡が認められないので，いずれも緊急避難は
否定される。

　緊急避難では，〈法益α〉と〈法益β〉のいずれかは害されざ
るをえないという緊急の状況があり，守ろうとする〈法益α〉は，
その代わりに害される〈法益β〉と同等か，それよりも価値の高
いものでなければならない。その条件をみたす行為は，社会全体
の法益の量を増大させているか，少なくとも減少させてはいない
ことになるので，処罰しないことが望ましいか，少なくとも処罰
する必要はなく，正当化される。これが，緊急避難における違法
性阻却原理の説明の 1 つである。**優越的利益の原則**とよばれる。

4. 生命・身体を侵害する場合の特殊な問題

　被害者の同意も緊急避難も，生命や身体の侵害が関係する場合
には特殊な問題が生じる。

事例 50　Ⅹは，人生を悲観した A に殺してくれと頼まれたので，
A を殺害した。

　被害者の同意があれば殺人罪は成立しないが，被害者の同意に
基づいて殺害することを要件とする同意殺人罪（202 条）が別途

規定されている。生命は最重要の法益であり，被害者自身が放棄したいと言っていても，自由かつ無制限な放棄は認めるべきでないと考えられている。

事例 51 医師Ｘは，不治の病で身体的苦しみが極限にあったＡの依頼に基づいて，Ａに薬剤を投与して死亡させた。

　生命が最重要の法益であるとしても，このような場合にまで同意殺人罪を認めるべきではなく，完全に不可罰にすべきではないかが議論されている。**安楽死**や**尊厳死**の問題である。わが国にはまだ，それを適法化する法律はない。

　緊急避難にも，一見その要件をすべてみたすが，違法性阻却を肯定してよいかどうかが問題となる場面がある。

事例 52 医師Ｘは，ただちに臓器移植手術をするよりほかに手がない入院患者Ａ，Ｂ，Ｃ，Ｄ，Ｅを助けるため，血液型等の条件がたまたま合致した外来患者Ｆから無理やりその臓器を摘出してＡ〜Ｅに移植した。Ａ〜Ｅは助かり，Ｆは死亡した。

　Ｘの行為はＦに対する殺人罪の構成要件該当性があるが，Ａ〜Ｅの生命を守るための緊急避難を認めてよいだろうか。生命の重さは比較できないので，5人の生命の方が1人の生命よりも価値が高いという判断をすべきでないと指摘されることがある。では，次のような事例はどうか。

事例 53 医師Ｘは，緊急輸血が必要な患者Ａを助けるため，血液型が合致したＢから無理やり採血してＡに輸血した。

　生命同士は価値を比較できないと考えたとしても，身体より生

○犯罪成立の例外的な否定［X］

命の方が価値が高いことは否定できない。しかし，**事例 53** のような強制採血が正当化されると考えるべきではないのではないか。そこでは，生命や身体といった即物的な法益の背後に，**人間の尊厳・個人の尊重**といった価値が観念されていそうである。

事例 54 首相 X は，ハイジャックされた航空機が都心に向かって自爆攻撃をすることが判明したので，海上で撃墜することを命令した。命令どおりに実行されて，乗員および搭乗客は全員死亡した。

このような究極的な事例まで考えると，緊急避難もまた，その成立要件が明らかであるとはいえないのである（なお，この事例は，次にみる正当防衛の限界にも関係するものである）。

5. その他の違法性阻却事由

違法性阻却事由は，以上のほかにも，法令行為・正当業務行為（35条），正当防衛（36条）などが認められている。たとえば，死刑や懲役刑の執行には，殺人罪や監禁罪の構成要件該当性があり，捜査機関による逮捕や捜索には，逮捕罪や住居侵入罪の構成要件該当性があるが，いずれも法令行為として違法性が阻却される。また，医療行為は，被害者の同意のみでは正当化できない場合でも，正当業務行為として傷害罪の違法性が阻却される。

XI 正当防衛の基本
せいとうぼうえいのきほん

1. 正当防衛による違法性阻却

　正当防衛は，正当化の範囲が広い強力な違法性阻却事由である。条文は，「急迫不正の侵害に対して，自己又は他人の権利を防衛するため，やむを得ずにした行為は，罰しない」（36条1項）と規定されている。

　まず，緊急避難と正当防衛を比較してみよう。

> **事例 55**　Xは，Aが急に殴りかかってきたので，横にいたBを突き飛ばして逃げた。Bは傷害を負った。
>
> **事例 56**　Xは，Aが急に殴りかかってきたので，傍らにあった角材でAを殴打した。Aは傷害を負った。

　いずれもXには傷害罪の構成要件該当性があるが，**事例 55**では緊急避難により，**事例 56**では正当防衛により，違法性が阻却される。

　正当防衛は，緊急の状況が前提となる点は緊急避難と共通である。しかし，〈「正」対「不正」〉の関係が前提となる点が異なる。
　「正」の者が「不正」の者の法益を侵害する行為なので，緊急避難のように補充性（衝突を回避する手段がないこと）が要求され

○犯罪成立の例外的な否定［XI］

ず，また，避けようとした害と結果として生じさせた害とが厳密に均衡していなくても，行為の危険性が釣り合っているか，防衛のために必要最小限度の行為であれば，正当化される。したがって，**事例 56** では，X は逃げることができたとしても反撃してよく，また，軽傷を防ぐために重傷を負わせても許される（身体の防衛のために必要な行為であれば，結果的に死亡させることも許される）。

2. 正当防衛の要件

正当防衛が否定されて犯罪が成立する事例をみることで，正当防衛の要件を確認しよう。

事例 57 X は，翌朝，A が襲撃してくるという情報を得たので，夜のうちに A 宅に侵入し，A の両手を骨折させて，襲撃できないようにした。

侵害が切迫していない段階では，まだ正当防衛は認められない。侵害の**急迫性**が要件である。

事例 58 A が殴りに来ることを知った X は，これを機に恨みのある A を痛めつけてやろうと考え，角材を用意して A を待ち構え，予期したとおりに殴りかかってきた A を殴打して傷害を負わせた。

基本的に，先に手を出した方が「不正」となるが，その侵害を事前に予期したうえで，**積極的加害意思**をもって侵害に臨んだ場合は，反撃する側も「不正」となり，結局〈「不正」対「不正」〉の関係になって，正当防衛の基本構造をみたさなくなる。判例はこの場合，侵害の急迫性が否定されるとしている。その者の主観面における急迫性が否定されると考えるとわかりやすい。

事例 59　Xは，Aが素手で殴りかかってきたので，傍らにあった日本刀でAを斬り殺した。

急迫不正の侵害と比較して無駄に危険な行為は，**防衛手段としての相当性**を欠き，正当防衛として正当化されない。

なお，**防衛の意思**も必要であるとされるが，もっぱら攻撃の意思で行ったと認められない限り，これが否定されることはない。

まとめると，
(i)　正当防衛の前提となる客観的状況（「急迫不正の侵害」）
(ii)　防衛行為者としての資格（「正」の側にいること）
(iii)　防衛の意思（「権利を防衛するため」）
(iv)　防衛手段としての相当性（「やむを得ずにした行為」）
が要件となる。

なお，防衛手段としての相当性のみを欠く行為は，正当防衛は否定され犯罪が成立するが，**過剰防衛**として刑が裁量的に減免される（36条2項）。

3. 他人のための緊急避難・正当防衛

緊急避難と正当防衛は，他人の利益を守るためのものも認められている。

事例 60　野犬がXに襲いかかろうとしているのを見たYは，傍らにあったA所有の壺を野犬に投げつけてXを守ったが，壺は粉々になった。

Yの行為はAに対する器物損壊罪（261条）の構成要件該当性が認められるが，Xの身体を守るための緊急避難が成立して，違法性が阻却される。緊急避難の条文は，「自己又は他人の生命，

○犯罪成立の例外的な否定［XI］

身体，自由又は財産に対する現在の危難を避けるため」（37条1項。圏点は筆者による）としており，他人の利益を守るために緊急避難をすることができる。

事例 61 AがXに殴りかかるのを見たYは，Xを守るために，傍らにあった角材でAを殴打して傷害を負わせた。

Yの行為はAに対する傷害罪の構成要件該当性が認められるが，Xの身体を守るための正当防衛が成立して，違法性が阻却される。正当防衛の条文も，「自己又は他人の権利を防衛するため」（36条1項。圏点は筆者による）としており，他人の利益を守るために正当防衛をすることができる。

事例 62 AがXを殴りに行こうとしているのを事前に知ったYは，これを機に恨みのあるAを痛めつけてやろうと考え，角材を用意してAを待ち構え，予期したとおりXに殴りかかってきたAを殴打して傷害を負わせた。

〈「正」対「不正」〉の関係は，(1)被侵害者（X）と侵害者（A）の間と，(2)防衛行為者（Y）と侵害者（A）の間の，両方に必要である。このうち(2)が否定されるときは，当該防衛行為者との関係でのみ侵害の急迫性が否定される。Yのみが積極的加害意思を有しているとき，不正者と評価されて防衛行為者としての要件（判例によれば急迫性の要件）が欠けるのはYのみとなるから，XはAに正当防衛で反撃できる。

XII 責任阻却の基本

せきにんそきゃくのきほん

1. 責任の阻却

　ある犯罪類型の構成要件該当性が認められ，かつ，違法性阻却事由がない場合であっても，さらに，その行為について行為者を非難できないために，犯罪の成立が否定されることがある。これを**責任阻却**という。

　責任阻却事由として法定されているのは，心神喪失（39条1項）と刑事未成年（41条）という2種の**責任無能力**である。そのほかに，条文はないものの理論的に責任が阻却される場合がある。これを**超法規的責任阻却事由**という。

　責任は，問題となる行為の時点で認められなければならない（**行為と責任の同時存在の原則**）。つまり，責任阻却事由の存否も，原則として，行為の時点を基準に判断されなければならない。

2. 心神喪失

　責任阻却事由の代表は，**心神喪失**である。条文は，「心神喪失者の行為は，罰しない」（39条1項）というもので，どのような行為が心神喪失状態での行為かは，解釈に委ねられている。具体例からみれば，これが認められるのは次のような場合である。

○犯罪成立の例外的な否定 [XII]

事例 63 Xは，知的障害により物事の善悪を判断する能力がない
状態で，Aをナイフで刺した。

事例 64 Xは，精神病により行動を制御する能力がない状態で，
Aをナイフで刺した。

一般に心神喪失が肯定されるのは，ⓐ精神の障害により，ⓑ弁
識能力または制御能力を欠く場合である。

弁識能力は，物事の善悪を判断し，その行為が違法であること
を理解する能力である。**制御能力**は，行為が違法であるという意
識をもったときに，その行為に出ないように自らの身体をコント
ロールする能力である。

そのような弁識能力と制御能力の両方または一方が欠如するこ
との原因が，**精神の障害**にあると判断されなければならない。精
神の障害にあたるのは，精神の疾患，知的・発達障害，薬物中毒，
飲酒による病的酩酊などである（なお，飲酒による病的酩酊は相当
にひどい状態であり，通常の泥酔では認められない）。

責任無能力とまではいえなくても，ⓐ精神の障害により，ⓑ弁
識能力または制御能力が著しく限定されている状態でなされた行
為は，**限定責任能力**による行為として責任が減軽される。条文は，
「心神耗弱者の行為は，その刑を減軽する」（39条2項）として，
刑の**必要的減軽**を定めている。

3. 刑事未成年

41条は，「14歳に満たない者の行為は，罰しない」と規定する。
刑事未成年の制度である。

刑事未成年者の行為は，弁識能力も制御能力もある場合を含む
が，一定の年齢に満たない者には，刑罰よりも教育を優先させる

方が適切であるという政策判断がとられている。年齢を基準にすることは、児童に対する教育制度が年齢により一律に実施されていることに基本的に対応している。

4. 超法規的責任阻却事由

以上のほかにも、責任を否定すべき場合がある。

事例 65　Xは、監督官庁に照会して特別の手続は不要であるとの回答を受けた行為を行ったところ、実際には無許可で行うと犯罪が成立する行為だった。

事例 66　Xは、貧困により、空腹に堪えかねてパンを盗んだ。

事例 67　Xは、海で遭難した際に、1人しかつかまれない木ぎれにつかまっていたAを突き落として、自分だけが助かった。

弁識能力があっても、個別具体的な状況において、その行為が違法であるという意識に至る可能性がない場合には、超法規的な責任阻却の余地がある（**違法性の意識の可能性**の欠如）。

また、制御能力があっても、個別具体的な状況において、その違法行為を行わないこと、つまり適法行為を行うこと、が心理的にできない場合にも、超法規的な責任阻却の余地がある（**適法行為の期待可能性**の欠如）。

両者に共通するのは、この行為は違法であるからやめておこうと考えて犯罪行為に出ないということができないこと、すなわち、〈《違法性の意識に基づく**他行為可能性**》の欠如〉である。

もっとも、いずれも責任が否定されうる事例は相当に限定されている。たとえば、**事例66**では、通常、行政に救助を求めることが期待できる。

○犯罪成立の例外的な否定［XII］

なお，**事例 67** では，緊急避難が認められれば，責任阻却以前に，違法性が阻却される。

5. 責任阻却の原理

責任が阻却されるのは，その行為を行ったことについて，行為者を**非難**できない場合である。非難とは，〈われわれがあなたと同じ立場・状況にあったらそのような行為には出なかった〉と指摘することである。非難可能性がなくなる原理は2つある。

1つは，〈あなたと同じ立場・状況にあったら，われわれは誰でも同じ行為に及んでいただろう〉といえる場合である。それを表す原理が〈違法性の意識に基づく他行為可能性の欠如〉であり，超法規的責任阻却事由はこれに基づくものであった。

しかし，刑事未成年は，必ずしもこの原理では説明がつかない。刑事未成年者は，〈われわれがあなたと同じ立場・状況にあったらそのような行為には出なかった〉と立場を入れ替える対象から，そもそも外されている。それは，まだ一人前ではなく，処罰する側の市民と入れ替え可能な**対等な関係**がないからである。これが，非難可能性が否定されるもう1つの原理である。

心神喪失の場合は，以上の2つの側面が同時に現れる。弁識能力や制御能力の欠如という点では，他行為可能性がないから非難できないということになるし，精神の障害によって自由が制約されているという点では，自由な市民と対等な条件が具わっていないから入れ替え可能でなく非難できないということになる。ここでは，一時的に治療を優先させるべき状態にあるだけで，本来的には対等に扱われるべき市民であるという点に注意が必要である。

65

——————) 刑 法 隠 語 ③ (——————

　刑法に関係する人（犯罪者以外）についての隠語をみていこう。

　被害者を「かも」というが，捕られやすい場所に巣を作る「むくどり」があてられることもある。

　警察官（特に巡査）は，（かつての）白い夏服の見た目から「白鷺」，あるいは，警棒の形状から「すりこぎ」とよばれる。後者は，すり鉢の中を廻ることにもよるようで，それは「お巡りさん」と同源ということになる。検察官は，刑務所に入るのを周旋するので，職業紹介所を指す「口入れ屋」。裁判官は，「白鬼」や「大王」である。これらは，犯罪者側の隠語であるときには半ば蔑称ということになろう。では，弁護士は何だろうか。答えは**刑法隠語④**を参照。

　裁判官・検察官は「五位鷺」ともよばれる。五位鷺は，平家物語に登場する鳥で，醍醐天皇の命に従っておとなしく捕らえられたために五位の位を授かったとされる。昇殿が許されるという位の高さと，黒色の背が法服のように見えることからの連想であろう。

　　　　　　　　　＊　＊　＊

　刑法隠語②の答え。「とは」は，集団行動の習性がある「鳩」の倒語であり，「れつ」は，「連れ」の倒語である。倒語，すなわち，逆さ読みは，隠語づくりの定番であるから，隠語で困ったら倒語かどうかを確認してみよう。

特殊な犯罪行為類型

SS

　このブロックでは，典型から外れる行為類型である〈不作為犯〉，〈過失犯〉，そして〈共同正犯以外の共犯〉の成立要件についてみていく。

XIII 不作為犯

ふさくいはん

1. 不作為犯と作為犯の比較

ここまでは作為行為が犯罪になる条件をみてきたが，不作為行為に犯罪が成立することもある。

事例 68　Xは，自分の子どもAが池で溺れているのを発見したが，再婚の妨げになっていたAがいなくなれば好都合だと考えて救助活動を行わなかったところ，Aは溺死した。

作為行為によって被害者の死に向けた因果の流れを積極的に設定する場合だけでなく，すでに何らかの理由で死に向かっている被害者を救助しないという不作為行為によっても「人を殺した」ということができる。日常用語を使えば，「見殺し」である。

事例68では，Xに不作為による殺人罪が成立する。適用される条文は，通常の殺人罪と同じ199条である。199条は，作為による殺人罪と不作為による殺人罪を両方同時に規定していることになる。このような規定によって処罰される不作為犯のことを，**不真正不作為犯**とよぶ。これは，条文がもともと不作為のみを処罰対象にしている**真正不作為犯**と対置される（たとえば，保護責任者が老年者や幼年者等に対して「その生存に必要な保護をしなかったと

○特殊な犯罪行為類型 [XIII]

き」を処罰する保護責任者遺棄（不保護）罪〔218条〕がある。死亡結果や殺意がなくても処罰される特別の犯罪である）。

不作為犯が作為犯と同じ条文で処罰されるのだとすると，不作為犯は作為犯とパラレルな構造を有するはずである。作為犯の基本構造を思い出してみると，次のようなものだった。

①行為　→　③因果関係（条件関係　　　　→　②結果
│　　　　　　　　　　　　　　　　　　　＋法的因果関係）
④故意

作為犯と不作為犯を比較すると，①行為は当然，それぞれ作為行為と不作為行為であって相異なるが，②結果は，殺人罪であればどちらも死亡結果であり，④故意も，犯罪事実に対する認識・認容で違いはない。

検討を要するのは，③因果関係である。条件関係と法的因果関係のそれぞれについてみていこう。

2. 法的因果関係の起点としての作為義務違反

行為の危険が結果に実現したときに認められる法的因果関係は，不作為犯でも同じように要求される。作為犯では，行為によって積極的に作出された危険が結果に実現するのに対して，不作為犯では，すでに存在する危険が結果に実現するという違いがある。そうすると，作為による積極的な危険創出に対応するような強いつながりが，不作為においても，行為者とすでに存在する危険との間に認められる必要がある。行為者と無関係に危険が存在し，それが結果に実現しても，行為者の不作為行為と結果との間に法的因果関係を認めるべきではない。

①作為行為→①′創出された危険→③危険実現→②結果
①不作為行為－？－①′既存の危険→③危険実現→②結果

　不作為行為と危険の間に要求されるそのような強いつながりを基礎づけるのが、一般に**作為義務**とよばれるものである（作為義務を負う行為者の地位を、**保障人的地位**または**保証人的地位**とよぶ）。

　既存の危険には、物理的に存在する危険と、被害者の脆弱な状態という2つの態様がありうる。したがって、作為義務にも、物理的危険とのつながりに関するものと、脆弱な被害者とのつながりに関するものとがある。

　作為義務が認められる典型は、前に挙げた**事例68**のように、親子関係がある場合である。親は（幼年の）子に対して、また、（成年の）子は親に対して、作為義務を負うと考えられている。これは、脆弱な被害者との人的関係に基づく作為義務である。

事例 69　Yは、近所に住むXの子どもAが池で溺れているのを発見したが、日頃からAに悪口を言われていたことを恨んでいたため、死んでしまえばよいと思って救助活動を行わなかったところ、Aは溺死した。

　事例69では、Yは、道義的にはAを助けるべきだといえるし、一般的な意味ではAを見殺しにしたともいえるが、Aとの間に強い関係がないから、刑法上は、Aを救命する作為義務がなく、不作為による殺人罪は成立しないのが原則である。ただし、池の管理をYが行っていたような場合には、そこで生じた危険との関係で強いつながりが認められるので、その危険の実現を回避する作為義務がYに認められ、危険が顕在化した後はYがAを救

○特殊な犯罪行為類型 [XIII]

命する作為義務を負うことになる。

なお，作為犯でも，行為は**不作為義務違反**である必要があると考えられるが，これが否定されることはほとんどないために，正面からは議論されない。

3. 条件関係としての結果回避可能性

作為犯では，〈かりにその行為がなければ，結果は発生していなかった〉といえる場合にのみ，条件関係が肯定された。

不作為犯でも同様である。〈かりにその不作為行為がなければ〉という仮定は，〈かりに行為者が作為義務を履行していれば〉という意味になる。〈かりに作為義務を履行していれば，結果を回避することができた〉といえる場合にのみ，不作為行為と結果の間の条件関係が肯定できることになる。不作為犯における条件関係は特に，**結果回避可能性**とよばれる。

事例 70 Xは，自分の子どもAが池で溺れているのを発見したが，邪魔なAがいなくなればよいと考えて救助活動を行わなかったところ，Aは溺死した。Xが救助活動を行っていたとしたら，Aが救命される可能性は五分五分であった。

判例は，「十中八九救命が可能であった」といえる場合に，救命が確実だったとして結果回避可能性を肯定している（最決平成元年12月15日刑集43巻13号879頁）。救命可能性が五分五分だったにすぎない事例70では，結果回避可能性は否定され，Xに殺人罪は成立しない。

XIV 過失犯

かしつはん

1. 過失犯の構造

　ここまでは犯罪の原則形態である故意犯をみてきたが，過失があるにすぎない行為も，死亡や傷害という重大な結果を発生させた場合などは，例外的に処罰される。基本類型は，過失致死罪（210条）および過失傷害罪（209条）である。業務上の過失や重大な過失の場合の加重類型として，業務上過失致死傷罪・重過失致死傷罪（211条）が定められており，自動車運転の場合については，「自動車の運転により人を死傷させる行為等の処罰に関する法律」という特別法がより重い処罰を規定している。

　過失犯の構造は，故意の不作為犯と対比するとわかりやすい。不作為犯は次のような構造であった。

```
①作為義務違反行為 → ③因果関係（結果回避可能性 → ②結果
　│                                  ＋危険実現）
　④故意
```

過失犯は，このうち「作為義務」を「注意義務」に置き換え，「故意」を「予見可能性」に置き換えたものになる。

○特殊な犯罪行為類型［XIV］

①**注意義務違反**行為 → ③因果関係（結果回避可能性 → ②結果
　｜　　　　　　　　　　　　　　　　　　　　　　　　＋危険実現）
④**予見可能性**

①の注意義務違反行為は，**過失行為**ともされる。結果回避のために当該時点で具体的にとられるべきであった措置が，各種法令や行為の実質的危険性などを参考にして確定されたうえで，その措置をとらずに行った具体的行為が，この過失行為にあたる。

③の因果関係は，とられるべきだった措置をとっていた場合を仮定して判断される結果回避可能性と，行為の危険の結果への実現から構成される。

④の予見可能性は，**結果に対する過失**である。犯罪事実の認識が故意であるが，過失は故意の可能性，すなわち犯罪事実の認識・予見可能性である。とりわけ問題になるのは，結果に対する予見可能性である。

過失が，行為のレベルと，結果との関係と，2か所に登場するので混乱しやすいが，これは故意に2つの機能があったことと対応している。行為自体に過失があるといえるかということと，具体的に発生した結果について過失があるといえるかということが，ともに問われるのである。

2. 過失犯の客観面

過失犯では，まず，注意義務違反行為（過失行為）がなければならない。

事例71 Xは，制限速度を守り，前方も注意して自動車を運転していたが，急に飛び出してきたAを避けきれずに，轢死させた。

自動車の運転では，道路交通法を遵守していれば注意義務違反は否定される。逆に，道路交通法のような行政法規に形式的に違反しても，ただちに刑法上の注意義務違反が認められるわけではないとされている。注意義務の内容は，義務を課すことで回避される**行為の危険性**の程度と，義務を課すことで制約される**行動の自由**の程度とのバランスで決定されるとする見方が有力である。

事例 72　タクシー運転手Ｘは，徐行義務がある交差点に徐行せずに進入したところ，左から走行してきたＹ運転の自動車と衝突し，タクシーの乗客Ａが死亡した。Ｙの走行が著しい高速度だったため，かりにＸが徐行していたとしても，両車の衝突およびＡの死亡は避けられなかった。

　これに類似する事案に関する判例（最判平成 15 年 1 月 24 日判タ 1110 号 134 頁）と同様に判断すると，**事例 72** では，徐行義務が課されていたＸには注意義務違反が認められるものの，注意義務違反行為とＡの死亡結果との間の条件関係（結果回避可能性）がなく，過失致死罪（過失運転致死罪）は成立しない。過失犯には未遂処罰がないので，過失致死未遂は処罰されず，あとは徐行義務の違反が道路交通法違反で処罰される可能性だけが残る。

事例 73　Ｘは，著しい速度超過で自動車を運転し，衝突事故を起こしてＡに傷害を負わせた。Ａは病院に搬送されたが，そこでの火災により焼死した。

　これは，故意犯の場合と同様，行為と死亡結果との間の法的因果関係が否定される事例である。傷害結果との間には因果関係が認められるので，過失傷害罪（過失運転致傷罪）となる。

○特殊な犯罪行為類型 [XIV]

3. 過失犯の主観面

　過失犯が問題となる事案では，科学的な鑑定によってはじめて具体的な因果経過が判明するということが少なくない。

事例 74　鉄道トンネル内での電力ケーブルの接続工事における X のミスに起因して火災が発生し，トンネル内を走行中の電車の乗客ら多数死傷した。X のミスは，「ケーブルに特別高圧電流が流れる場合に発生する誘起電流を接地するための大小 2 種類の接地銅板のうちの 1 種類を Y 分岐接続器に取り付けるのを怠った」というものであり，そのため「誘起電流が，大地に流されずに，本来流れるべきでない Y 分岐接続器本体の半導電層部に流れて炭化導電路を形成し，長期間にわたり同部分に集中して流れ続けたこと」によって火災が発生した。

　判例は，この場合 X は，「右のような炭化導電路が形成されるという経過を具体的に予見することはできなかったとしても，右誘起電流が大地に流されずに本来流れるべきでない部分に長期間にわたり流れ続けることによって火災の発生に至る可能性があることを予見することはできたものというべきである」としている（最決平成 12 年 12 月 20 日刑集 54 巻 9 号 1095 頁）。予見可能性の対象は，この程度の幅をもったもので足りるとされている。

XV 狭義の共犯

きょうぎのきょうはん

1. 教唆の構造

共犯は,共同正犯以外の形態も認められている。

事例 75　Xは,YがAに対して恨みを募らせているのを聞き,「Aにそんなことまでされたのなら,陰で文句を言うより,いっそのことAを殺してしまえばいい」とYをそそのかした。Xの言葉で決心を固めたYは,翌週,Aを刺殺した。

事例75では,YがAを刺した行為に殺人罪が成立する。では,Xはどうか。Yが犯罪意思をもったとしても,それを実行に移すことは異常である。したがって,共謀によってYの犯罪意思を拘束しないXの単なるそそのかし行為は,それによってYに犯罪意思が生じ,その犯罪意思に基づいて犯罪が実行されて結果が発生しても,ここまでに述べたのと同じ意味での危険の実現は肯定できず,つまりXのそそのかし行為とAの死亡結果との間には法的因果関係が認められない。つまり,Xには殺人罪は成立しない。

しかし,このようなケースでも処罰を用意することが政策的に望ましいと考えられ,教唆の規定が設けられている。「人を教唆

して犯罪を実行させた者には，正犯の刑を科する」(61条1項)というものである。この規定によって，教唆については法的因果関係が拡張される。**事例75**のXには殺人罪の教唆という特別の犯罪が成立することになる。

2．幇助の構造

もう1つ，幇助という共犯形態が定められている。

事例76 Xは，YがA宅内でAを殺害している間，見張りをした。Yは安心してAを殺害することができた。

事例77 Xは，Aを殺害しに行くYに，A宅の間取り図を貸した。Yはその図面を使用し，Aを容易に殺害することができた。

事例76と**事例77**でも，Yには殺人罪が認められるが，Xに殺人罪は成立しない。Xの行為は，Yによる殺人の実行を心理的にまたは物理的に容易にはしているが，それがなくてもYはAを殺害したといえるため，Xの行為とAの死亡結果との間に条件関係が認められないからである。

しかし，他人の犯罪の実行を容易にし促進する行為も，処罰することが政策的に望ましいと考えられ，「正犯を幇助した者は，従犯とする」(62条1項)という規定がおかれている。この規定により幇助についても因果関係が拡張される。幇助の**心理的因果性・物理的因果性**は，直接の実行行為を心理的にまたは物理的に容易にして結果の発生を促進させたという関係があれば足りるとされている。したがって，**事例76**でも**事例77**でも，Xには殺人罪の幇助が成立する。

直接の実行行為を容易にして結果の発生を促進させる関係が必

要であるから，たとえば，事例76で，Xの見張りをYが認識しなかった場合は，Xの行為からYの心理を介してAの死亡結果に至る心理的因果性が認められず，Xには殺人罪の幇助は成立しない。同様に，事例77で，Yが図面を利用しなかった場合も，Xの行為には物理的因果性が認められない。ただし，図面を借りたことでYの殺人の実行が心理的に助けられたのであれば，心理的因果性が認められる余地はある。

3. 教唆・幇助における因果性の遮断と限界

教唆・幇助は，他人による犯罪に単に関与しただけで処罰されるのではなく，単独犯や共同正犯の場合と同様，結果との間に因果性を有することを理由に処罰される。したがって，直接の実行行為者が実現した犯罪の限度で，それに対する教唆・幇助が成立しうることになるし，また，因果性の遮断が認められれば，それ以降に実行行為者が犯罪を実現しても，教唆行為者・幇助行為者はその結果について責任を負わない。

事例 78 XがZにAの殺害を教唆し，殺人を決意したZにYがナイフを貸した。Zは借りたナイフでAを刺し殺そうとしたが，Aは一命を取りとめた。

この場合，ZにはAに対する殺人未遂罪が成立するにとどまるので，Xに成立するのは殺人未遂罪の教唆，Yに成立するのは殺人未遂罪の幇助となる。X・Yに殺人既遂罪の教唆・幇助が成立するためには，Zの殺人が既遂になる必要がある。直接の実行行為者に成立する犯罪を確定したうえで，それに対する教唆・幇助が成立するという関係になる。

○特殊な犯罪行為類型［XV］

事例 79　Xは，Yに対してAの殺害を教唆し，YはAに対する殺意をもった。その後，やはりAを死なせたくないと考えたXは，Yを説得し，Yは殺意を放棄した。しかし後日，再びAに対する殺意が生じたYは，Aを殺害した。

事例 80　Xは，Aの殺害を企てているYに拳銃を貸した。その後，考えを改めたXは，Yが殺人を実行する前に，Yから拳銃を返してもらった。その後，Yは，Aをナイフで殺害した。

　教唆の場合は，実行行為者を説得して犯意を放棄させれば心理的因果性が遮断され，幇助の場合は，犯行を容易にする物が使えない状態を作れれば物理的因果性が遮断される。

　犯意を放棄させたり，凶器を返してもらったりすることに成功しなくても，犯罪を実行しないように十分な説得行為を行ったような場合は，そこから先は実行行為者による新たな危険の展開だとして，因果性の遮断を認める考え方もある。

事例 81　Xは，Yに対してAの殺害を教唆し，YはAに対する殺人の犯意をもった。1人でAを殺害しに行く途中，通行人とすれ違う際に鞄がぶつかったことでかっとなったYは，その通行人を背後からナイフで刺殺したところ，それはAだった。

　教唆でも，事例 81のように，教唆行為者による遮断行為がなくても自動的に心理的因果性が及ばなくなる場合がありうる。

4. 共同正犯と教唆の関係

　上下関係のある共謀共同正犯は，教唆と類似している。

事例 82　暴力団組長Xは，組員Yに命じて，Aを殺害させた。

この場合，Xには，殺人罪の教唆が認められるだろうか。教唆の法的効果は，「正犯の刑を科する」（61条1項）というものである。共同正犯が刑の重さだけでなく成立する犯罪自体も正犯とされる（「2人以上共同して犯罪を実行した者は，すべて正犯とする」〔60条〕）のと比べて，教唆は1段低いものだとされる。したがって，共同正犯が成立する場合は，そちらが優越し，教唆は排除される。

組長の命令は組員の犯罪意思を強く拘束するから，**事例82**のX・Y間には殺人の共謀が成立し，殺人罪の共同正犯が成立する。

5. 共犯と間接正犯の関係

他人の行為を介して犯罪を実現する場合であっても，共犯規定が適用される以前に，単独犯として処罰される場合がある。

事例 83 医師Xは，事情を知らない研修医Yに規定量を超える薬物が入った注射器を渡し，患者Aに対して注射させた。Aは肝機能障害の傷害を負った。

事例 84 Xは，「従わなければお前を殺す」とYを脅迫して，Aを激しく殴打させた。Aは打撲傷の傷害を負った。

事例 85 Xは，精神の障害により弁識能力を欠くYに指示して，Aを激しく殴打させた。Aは打撲傷の傷害を負った。

これらの事例では，YはAに対する傷害を自由な意思に基づいて止めることができない状態にある。**事例83**では，YはAの傷害結果をもたらすことを認識していない。**事例84**では，Yは強要されてほかの行為を選択する余地が心理的にない。**事例85**では，Yは違法だと認識してやめる能力がない。いずれの事例でも，YはXによっていわば道具のように使われており，Yの行

為は X の行為からの危険実現を遮断する効果をもたない。このような場合は，X には傷害罪の単独正犯が成立する。他人の行為を利用した間接的な犯罪実行なので，**間接正犯**とよばれる。

事例 86 X は，13 歳の少年 Y に指示して，A を激しく殴打させた。A は打撲傷の傷害を負った。

この場合，Y は刑事未成年で不可罰となる。しかし，傷害の故意と弁識・制御能力があり，強制されていないならば，自由な意思決定で行為に及んでいるといえる。つまり Y は単なる X の道具ではないから，X には傷害罪の間接正犯は成立せず，共謀が肯定できれば傷害罪の共同正犯となる。責任が阻却される者との間でも，客観的には共同できる。もし，X の Y に対する意思拘束がなければ，X に成立するのは傷害罪の教唆である。教唆の対象となる犯罪も，直接の実行行為者の責任まで肯定される必要はない。

最後に概念をまとめておこう。

1 人で犯罪を実行するのが単独正犯である。これにも，自ら手を下す直接正犯と，他人の行為を介する間接正犯とがあるが，殺人罪であれば 199 条だけで処罰される点が共通する。

複数人で犯罪を実現するのが共同正犯である。殺人罪であれば 199 条と 60 条が適用される。これは，単独正犯ではなく共犯であるが，全員が犯罪の主役であり，単独正犯と同じく正犯として重く評価される。

犯罪の主役に成立する単独正犯や共同正犯に対して外から関与する共犯が，教唆と幇助である。これらは狭義の共犯とよばれ，共同正犯も含めた広義の共犯と区別される。殺人罪の教唆は 199 条と 61 条 1 項が，殺人罪の幇助は 199 条と 62 条 1 項が適用される。

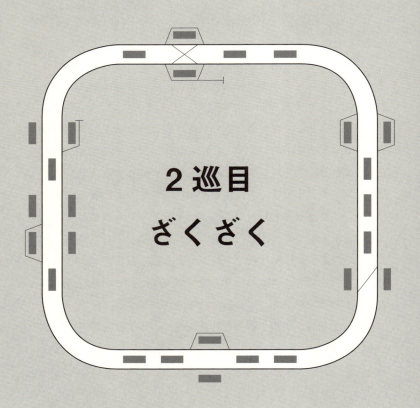

2巡目

ざくざく

単一の項目を深める

SF

このブロックでは，すでに1巡目で学習した項目のうち，基本的な事柄のいくつかを，じっくりと判例をみながら深めていく。

I　因果関係の内容
いんがかんけいのないよう

1巡目 II・III

1．法的因果関係の2つの類型

　法的因果関係の判断は，生じた結果ごとに，〈その行為がその結果を発生させた〉と評価できる行為（複数でもよい）を選び出す作業である。これは，〈その結果を発生させた〉という理由で行為者を処罰することが正当化できる程度の強いつながりが，行為と結果の間に認められるかどうかという問題である。〈**行為の危険が結果に実現した**〉といえるときにその強いつながりを認めるというのが近年共有されるようになってきた整理であり，事例ごとに危険実現の構造を分析することが求められている。

　1巡目ですでにみたように，危険の実現が問題なく認められるのは，ⓐ行為者の行為の危険が直接的に結果に実現する〈**直接実現の類型**〉である。そしてそれとは別に，ⓑ直接的には，他人（被害者や第三者）の不適切な行為の危険が結果に実現しているものの，そもそも行為者の行為が当該他人の不適切な行為を誘発していた関係が認められるという〈**間接実現の類型**〉でも，危険の実現は肯定できるのだった。

　さらに，判例では次のような事例でも法的因果関係が肯定されている。ここでは，危険の実現はどのように説明することができ

○単一の項目を深める［Ⅰ］

るだろうか。

事例_01　Xは，金銭トラブルを決着させるため，ある日の午前3時40分頃，駐車場でAを自動車後部のトランクに押し込んで脱出不能にした状態で同車を発進させ，知人と合流するため，午前3時45分頃，コンビニ前に停車した。停車地点は，車道の幅員約7.5 m，片側1車線でほぼ直線の見通しのよい道路上だったが，停車から数分たった午前3時50分頃，前方不注意の第三者Yが運転する自動車が時速約60 kmで追突したため，トランク内のAは頸髄挫傷を負って死亡した。

　Yに過失致死罪（過失運転致死罪）が成立するのはよいとして，問題になるのはXに監禁致死罪が成立するかどうかである。そこで問われるのはXの監禁行為とAの死亡結果との間の因果関係である。因果関係が認められれば監禁致死罪（221条）が成立し，因果関係が否定されれば監禁罪（220条）が成立するにとどまることになる。

　危険の実現を順に検討しよう。危険の直接実現は肯定できるだろうか。他人を自動車のトランクに閉じ込める行為には，餓死や窒息死の危険はあっても，頸髄挫傷による死亡の危険は通常認められない。したがって，事例01のXの行為とAの死亡との因果関係を危険の直接実現で説明することはできない。

　では，危険の間接実現は認められるだろうか。追突したYの前方不注意は，Xが誘発したものではなく，Xの監禁行為とは無関係に純粋にYのみによってもたらされている。したがって，事例01の因果関係を危険の間接実現で説明することもできない。

2. 法的因果関係の第 3 類型

 そうすると,判例では,危険の実現が肯定できない事案で因果関係が認められていることになるのだろうか。最高裁の判旨をみてみよう（最決平成 18 年 3 月 27 日刑集 60 巻 3 号 382 頁）。

 「以上の事実関係の下においては,被害者の死亡原因が直接的には追突事故を起こした第三者の甚だしい過失行為にあるとしても,道路上で停車中の普通乗用自動車後部のトランク内に被害者を監禁した本件監禁行為と被害者の死亡との間の因果関係を肯定することができる。」

 これをそのまま読むと,単に「この事案では因果関係が認められる」という結論を言っているだけのようにみえるかもしれない。しかし,細かいところにも注意してみると次のようになる。

 ここでは,どの行為とどの結果との間に因果関係が認められているだろうか。結果は「被害者の死亡」とされている。行為は「本件監禁行為」とされている。「本件監禁行為」というのは,X が A を自動車のトランクに押し込んだ行為だろうか。そうではなく,「道路上で停車中の普通乗用自動車後部のトランク内に被害者を監禁した本件監禁行為」とされている。

 もう一度事例を振り返ってみると,次のような経過だった。

 3 時 40 分頃　X が A を自動車後部のトランクに押し込む
 3 時 45 分頃　X が自動車を道路上に停車させる
 3 時 50 分頃　Y の自動車が追突する

 最高裁が「本件監禁行為」とよんでいるのは「道路上」での監

○単一の項目を深める［Ⅰ］

禁であり，つまり，3時40分頃Aをトランクに押し込んだ行為
ではなく，道路上で停車中に監禁し続けた3時45分頃以降の行
為を問題にしているのである。

さきほど危険の直接実現が肯定できるかどうかを検討した際に
は，「他人を自動車のトランクに閉じ込める行為には，餓死や窒
息死の危険はあっても，頸髄挫傷による死亡の危険は通常認めら
れない」とした。そこでは，最初に閉じ込める行為の危険を問題
にしていた。では，道路上に停車中の自動車のトランクに監禁し
続ける行為に認められる危険は，どのようなものだろうか。

自動車の座席がある部分は，乗車中の人を事故から守るために，
頑丈に作られている。逆に，後部トランクは，追突事故の際に，
座席がある部分を守るためのクッションの役割を果たすべく，ほ
どよく潰れやすくできている。そのことを前提にすると，道路上
に停車中の自動車のトランクに監禁し続ける行為は，被害者を無
防備な（自力では守れないし逃げられない）状態で道路上に放置す
る行為に匹敵するといえる。そして，いうまでもなく，道路上に
は通常の自動車交通があるから，道路上に無防備に放置された被
害者は，他の自動車の衝突により死亡する危険にさらされている
ということができる。

この事例では，その危険が実現しているので，監禁行為と死亡
結果の間に法的因果関係を認めることができるという分析になる。
これは，〈危険状況の設定〉および〈**設定された状況的危険の現実
化**〉とも表現される。

3. 危険の下限

危険の直接実現の類型（第1類型）は，物理的危険を問題にす

るものだった。危険の間接実現の類型（第2類型）は、他人の心理を介する心理的危険に着目するものだった。**事例01**のような危険状況の設定の類型（第3類型）は、物理的危険をみる点で第1類型と共通するが、ここでの物理的危険には第1類型のそれとは異なる特徴がある。

　第1類型の物理的危険は、被害者への物理的作用が確実に生じるタイプの危険なので、被害者に作用したときの攻撃力は低くてもよい（たとえば、被害者を単に突き飛ばすような行為でもよい）。これに対して、第3類型の物理的危険は、被害者に作用したときの攻撃力が極めて高い代わりに、そもそも被害者に作用を及ぼす確率は低いというところに特徴がある（**事例01**でいうと、追突事故が起きれば被害者は死亡するか重傷を負うが、そもそも追突事故は頻繁には起きない）。

　では、次の場合も法的因果関係の第3類型が肯定できるか。

> **事例 02**　Xは、航空機が墜落するわずかな可能性に賭けてAを殺害しようと、Aを海外旅行に招待した。Aの乗った航空機は機器の故障により墜落し、Aは死亡した。

　被害者に対する物理的作用が生じる確率が著しく低い行為は、危険性の著しく小さい行為であり、類型的にみて殺人の実行行為とはいえないとされる。日常的な危険を超える危険があるとはいえないので、危険状況の設定は否定される。

4. 結果回避可能性

　法的因果関係の話は終えて、因果関係のもう1つの要素である条件関係について少し難しい問題を補足しておこう。殺人罪で条

○単一の項目を深める［Ⅰ］

件関係すなわち死亡結果の回避可能性を要件とすると，次の事例はどのように判断されるだろうか。

事例 03　AはXとYにそれぞれ死ぬほど恨まれていた。ある日，XはAを殺害するために，Aが飲むコーヒーパウダーの中に致死量の毒を混入させた。同じ日，YもAを殺害するために，Aがコーヒーに入れる砂糖の中に致死量の毒を混入させた。Aは，そうとは知らずコーヒーを淹れ，そこに砂糖を入れて飲み干し，中毒死した。XとYは相互に意思連絡していなかった。

　事例03では，Xの行為がなくてもAは死亡したといえるし，逆にYの行為がなくてもAは死亡したといえるので，XにもYにも結果回避可能性が認められずに，両者とも殺人既遂は否定される（殺人未遂にとどまる）ことになりそうである。このような事例は，「択一的競合」とよばれる。

　被害者はたしかに故意に殺害されているのに，誰も殺人既遂にならないという結論は非常識である。事例03とは異なりXとYが共謀していたのであれば，XとYの行為はどちらも2人の共同行為となるから，それらの共同行為がすべてなかったらAの死亡結果は発生しなかったということができるが，共謀がない場合は，XとYをそれぞれ個別に判断する結果，どちらについても既遂を否定するのが論理的だということになる。

　論理を徹底させて非常識の誹りを甘受するか。常識を優先させて論理をまげるか。もっとも，「結論が非常識になるのは，まだ論理が不十分だからである」という言葉を信じて，常識と両立可能な論理を探究し続ける道は残されているかもしれない。

II 不作為犯における作為義務
ふさくいはんにおけるさくいぎむ

1巡目 XIII

1. 保障人的地位に基づく作為義務の発生根拠──判例

　作為犯においては，行為者が自ら危険を創出して，その危険が結果に実現するという構造がみられた。これに対して，不作為犯では，すでに存在する危険が結果に実現するので，危険と行為者とを強く結びつける要素が別に必要になる。その観点から要求されるのが，**保障人的地位**に基づく**作為義務**である。

　作為義務の発生根拠についての判例の立場を検討する際には，次の事案における各審級の判断の違いが参考になる。

事例_04　(1) Xは，手の平で患者の患部をたたいてエネルギーを患者に通すことにより自己治癒力を高めるという「シャクティパット」と称する独自の治療（以下「シャクティ治療」）を施す特別の能力を持つなどとして信奉者を集めていた。

　(2) Aは，Xの信奉者であったが，脳内出血で倒れて兵庫県内のI病院に入院し，意識障害のため痰の除去や水分の点滴等を要する状態にあり，生命に危険はないものの，数週間の治療を要し，回復後も後遺症が見込まれた。Aの息子Bは，やはりXの信奉者であったが，後遺症を残さずに回復できることを期待して，Aに

○単一の項目を深める［Ⅱ］

対するシャクティ治療をXに依頼した。

　(3)　Xは，脳内出血等の重篤な患者につきシャクティ治療を施したことはなかったが，Bの依頼を受け，滞在中の千葉県内のホテルで同治療を行うとして，Aを退院させることはしばらく無理であるとする主治医の警告や，その許可を得てからAをXの下に運ぼうとするBら家族の意図を知りながら，「点滴治療は危険である。今日，明日が山場である。明日中にAを連れてくるように」などとBらに指示して，なお点滴等の医療措置が必要な状態にあるAを入院中の病院から運び出させ，その生命に具体的な危険を生じさせた。

　(4)　Xは，前記ホテルまで運び込まれたAに対するシャクティ治療をBらからゆだねられ，Aの容態を見て，そのままでは死亡する危険があることを認識したが，上記(3)の指示の誤りが露呈することを避ける必要などから，シャクティ治療をAに施すにとどまり，未必的な殺意をもって，痰の除去や水分の点滴等Aの生命維持のために必要な医療措置を受けさせないままAを約1日の間放置し，痰による気道閉塞に基づく窒息によりAを死亡させた。

　このような事案についてのXを被告人とする裁判において，第一審では次のような判断が示された。

　「本件においては，Bらにおいて，I病院にいたAを，……点滴装置を外し，酸素マスクを外させたうえで，ベッドから下ろして病院外に連れ出し，自動車及び航空機により何ら医療設備のないホテルに運び込み，そして同ホテルにおいて，X及びBらにおいて，その生存に必要な措置を何ら講じずにおくという一連の行為をもって，殺人罪の実行行為に該当するものというべきである。そして，点滴

装置や酸素マスクを外し，病院から連れ出してホテルに連れ込むB
らの行為は作為であり，同ホテルにおいて生存に必要な措置を講じ
なかった点については，X自身もBらもこれを行わなかったもので
あるから，X自身の不作為でもあるといえるものであって，前記本
件一連の実行行為はこれら作為及び不作為の複合したものである
というべきである。」（千葉地判平成14年2月5日判タ1105号284頁
〔懲役15年〕）

　ところが，控訴審では，この第一審判決が破棄されて，次のよ
うに判断された。殺意が認められるタイミングとの関係で，本件
は純粋な不作為犯として構成する必要があるというのである。

　「Xが本件ホテルに運び込まれたAの様子を自ら認識する以前にお
いては，Xに殺意があったと認定するには合理的疑いが残ると考え
られる。」
　「Xが本件ホテルに運び込まれたAの様子を自ら認識した以後の段
階においては，XにはAの死亡を容認するだけの動機があったとい
うことができ，XはAに対する未必の殺意を抱いていたと認められ
る。」
　「Xは，Bらに指示してAをI病院から連れ出させ，本件ホテルに
運び込ませたものであり，このような先行行為によって，本件ホテ
ルに運び込まれたAに対し，直ちにその生存のために必要な医療措
置を受けさせるべき作為義務を負っていたものと解することができ，
それにもかかわらず，未必の殺意をもって，上記作為義務を怠って
Aを死亡させたということができるのであるから，Xが上記のとお
りAの様子を自ら認識した以後の行為は，いわゆる不真正不作為犯
として，殺人罪に問擬されるべきであると考えられる。」（東京高判平
成15年6月26日高刑速平成15年85頁〔3203号〕〔原判決破棄・

○単一の項目を深める［Ⅱ］

懲役 7 年］）

　作為犯ではなく不作為犯として構成した結果，量刑が懲役 15 年から懲役 7 年に軽くなっている点も注目される。

　最高裁は，この控訴審判決の結論は維持しつつも，作為義務の発生根拠について，より詳細な判断を示している。

　「以上の事実関係によれば，Ｘは，自己の責めに帰すべき事由により患者の生命に具体的な危険を生じさせた上，患者が運び込まれたホテルにおいて，Ｘを信奉する患者の親族から，重篤な患者に対する手当てを全面的にゆだねられた立場にあったものと認められる。その際，Ｘは，患者の重篤な状態を認識し，これを自らが救命できるとする根拠はなかったのであるから，直ちに患者の生命を維持するために必要な医療措置を受けさせる義務を負っていたものというべきである。それにもかかわらず，未必的な殺意をもって，上記医療措置を受けさせないまま放置して患者を死亡させたＸには，不作為による殺人罪が成立［する。］」（最決平成 17 年 7 月 4 日刑集 59 巻 6 号 403 頁〔上告棄却〕）

　ここで重要なのは，(ⅰ)**先行行為**の内容に詳しく触れている点，そして，(ⅱ)**排他的支配**の要素も挙げている点である。さらに，(ⅲ)自ら救命できる場合は別であることも示されている。

　このうち(ⅰ)については，被害者の医療を中断させて病院から連れ出させた本件の先行行為が，Ｘの「自己の責めに帰すべき事由」であると指摘されている。自己の行為によって被害者を危険な状態に陥れたのであっても，故意・過失がない場合や，正当防衛による場合などは，本件と同じようには論じられない可能性があることになろう。

次いで，(ⅱ)の点，すなわち，危険な状態の被害者 A を X が排他的に支配していたことは，控訴審判決では指摘されていなかった。本件は，先行行為があるだけでなく，さらに，被害者に対する排他的支配もある事案であるので，そのことも指摘することによって，最高裁は，先行行為だけで作為義務が基礎づけられるかどうかについては判断を留保していることになる。つまり，最高裁は，先行行為がそれだけで作為義務を基礎づけるに十分かどうかはともかく，本件では先行行為と排他的支配の両方が認められるので，作為義務を肯定してよいと判断している。

　判例は，特定の論点についての一般論を一気に打ち立てるのではなく，上のように，「少なくともこのような類型の事案においては犯罪が認められる」という判断を積み重ねることで，犯罪が成立する範囲の外縁に少しずつ迫って規範の内容を明らかにしていくことが多い。

　最後に，少々細かいことであるが，(ⅲ)の点について最高裁は，作為義務と，必要な医療措置を被害者に受けさせる義務とは，一致しないという理解を示している。つまり，作為義務が認められる場合，①被害者を自ら救命するか，または，②生命の維持に必要な専門家による医療措置を被害者に受けさせるか，どちらかをすれば義務の履行が認められるというのである。本件では①ができないので，作為義務の内容は②に限定されることになる。生命が危険な状態に陥った被害者を自ら救命するのは医師でもない限り無理だと思われるかもしれないが，危険の内容は病気や傷害に限られず，子どもが溺れている状況で親が自ら水から引き上げて助けたり，火災の状況で初期消火したりといった場合が，他人の助力を得ない救助として考えられる。

○単一の項目を深める［Ⅱ］

2. 保障人的地位に基づく作為義務の発生根拠──学説

どのような場合に作為義務が認められるかをめぐっては，さまざまな学説が主張されてきた。上でみた最高裁判例に現れた先行行為や排他的支配は，学説によっても主張されてきた作為義務の根拠である。では，次の場合はどうだろうか。

事例 05　Ｘは，自分の子Ａ（5歳）がプールで溺れているのに気づいたが，子育てに疲れていたので，そのまま放置した。その場にいたほかの利用客も同様に放置したので，Ａは溺死した。

この場合，Ｘには，積極的にＡを危険に陥れた先行行為もなければ，ＸだけがＡの危険な状態を支配しているという状況も認められない。しかし，結論としては，親であるＸには，子であるＡの生命を保護する作為義務を認め，殺意をもってそれに違反して死亡結果を生じさせたときは不作為の殺人罪を認めるべきだと考えられる。これは，先行行為と排他的支配によって作為義務が認められる場合とは類型が異なるようにみえる。

そこで，学説上は，作為義務の根拠を多元的に説明する見解が有力である。すなわち，先行行為＋排他的支配だけでなく，親子関係等も，それ自体として作為義務の根拠になりうるとするのである。結局，常識的な結論を維持しながら作為義務の根拠をクリアに説明することは，難しい。

95

Ⅲ 被害者の同意

ひがいしゃのどうい

1巡目 X

1. 総　説

　被害者の同意があると，法益性が欠如することが認められている。そこでは，権限ある法益主体による有効な同意が必要である。

　同意の主体には，同意能力が必要である。同意の対象・内容は，構成要件該当事実の認識・認容である。同意の存在の基準時は，理論的には結果発生時と考えられるが，実行行為の時点で必要であるとする見解も有力である。

　同意に瑕疵がある場合にどうするかが重要な問題で，具体的には，欺罔による錯誤に基づく同意と，脅迫により抑圧された意思に基づく同意の扱いが議論されている。

2. 同意傷害における被害者の同意と違法性阻却の関係

　被害者の同意がある場合，そのこと自体によって犯罪不成立となるのが原則である。しかし，殺人罪については同意殺人罪（202条）が用意されているほか，傷害罪についても，判例では同意の効果が制約されている。

事例 06　Xは，Y，Z，Wと共謀して，保険金目的で交通事故を

○単一の項目を深める [Ⅲ]

偽装することを企てた。すなわち，Xが運転する軽乗用自動車を，Zが運転し，Y，Wが同乗するライトバンに故意に追突させ，できれば，一層本物の事故に見せかけるため，両車間に無関係の第三者の車を入れた玉突き事故にして，これをXの過失により生じた交通事故であるかのように装って，保険金をだまし取り，同時に，身体障害者であったYに入院治療の機会を得させようという計画である。これを実行する日，計画どおりに，YとWが同乗しZが運転する自動車を，Xの自動車が追尾しながら，交差点にさしかかった際，赤信号でZ運転の自動車が停止し，続いて第三者A運転の軽自動車，その後にXの自動車が相次いで停止した。Xは，とっさに，そこで交通事故を惹起させようと考え，直ちに自車を発進させてAの自動車後部に追突させ，その勢いで同車を前方に押し出して，Z運転の自動車後部に追突させ，よって，Aに対して約2か月の入院加療を要する頸椎捻挫の傷害を負わせ，また，Y，ZおよびWに対して軽微な傷害を負わせた。

ここでは，傷害を負うことに同意しているY，ZおよびWに対する傷害罪がXに成立するかが問題である（同意のないAとの関係では当然に傷害罪が成立する）。最高裁は次のように判示した。

「被害者が身体傷害を承諾したばあいに傷害罪が成立するか否かは，単に承諾が存在するという事実だけでなく，右承諾を得た動機，目的，身体傷害の手段，方法，損傷の部位，程度など諸般の事情を照らし合せて決すべきものであるが，本件のように，過失による自動車衝突事故であるかのように装い保険金を騙取する目的をもって，被害者の承諾を得てその者に故意に自己の運転する自動車を衝突させて傷害を負わせたばあいには，右承諾は，保険金を騙取するとい

う違法な目的に利用するために得られた違法なものであって，これによって当該傷害行為の違法性を阻却するものではないと解するのが相当である。」（最決昭和 55 年 11 月 13 日刑集 34 巻 6 号 396 頁）

　理論的には**被害者の同意のみ**に基づいて法益性の欠如が認められるべきであるが，判例は，被害者の同意の存在を判断要素の 1 つとした社会的相当性の判断をしているようにみえる。

　被害者の同意が存在することだけで犯罪を否定する立場からも，生命侵害における同意の制限（同意殺人罪〔202 条〕）を根拠に，**生命の危険**が伴う傷害に対する同意や，**重大な身体機能**の放棄（四肢の切断や視聴覚機能の毀滅など）については，同意の有効性を否定するのが一般的である。

　しかし，軽い傷害については，同意があれば，目的が違法でも不可罰にすべきであり，また，判例も，傷害罪以外の，たとえば器物損壊罪についてまで，同じ立場をとっていると解するべきではない。

　ちなみに，自殺の自由に関係する自殺関与罪および同意殺人罪については，①殺人罪よりも減軽される根拠，および，②減軽されても不処罰にはならない根拠が説明されなければならない。これらについては，①同意があれば，法益性が，完全に欠如するわけではないにしても，弱まるとはいえること，そして，②生命は一度失われると取り返しがつかず，また，自殺意思は正常ではない精神状態で生じることが多いことから，被害者のその時点での意思には反しても，生命の喪失をさしあたり防ぐことが政策的に望ましいことなどが，指摘されている。

3. 被害者の錯誤

瑕疵ある同意の第1類型は，被害者の**錯誤に基づく同意**である。事実としては被害者が同意しているとしても，その同意は法的には無効な場合があるのではないか，無効になるとしたらどのような錯誤がある場合かが問題とされる。

事例 07　Xは，AがXを熱愛し，追死してくれるものと信じていることを利用し，追死する意思がないのにあるかのように装ってそのように誤信させ，毒薬を飲ませて死亡させた。

ここでは，有効な同意があるとみて同意殺人罪にとどまると考えるか，それとも，同意は無効であるとして殺人罪の成立を認めるかが問題である。最高裁は次のように判断した。

「AはXの欺罔の結果Xの追死を予期して死を決意したものであり，その決意は真意に添わない重大な瑕疵ある意思であることが明らかである。そしてこのようにXに追死の意思がないに拘らずAを欺罔しXの追死を誤信させて自殺させたXの所為は通常の殺人罪に該当する」（最判昭和33年11月21日刑集12巻15号3519頁）

重大な錯誤説は，同意の付与と条件関係のある錯誤がある場合，すなわち，真実を知っていたら同意していなかったといえる場合に，同意が無効になるとする。これに対しては，殺人罪が，生命ではなく，だまされない自由を保護することになってしまうとの批判がある。

そこで，**法益関係的錯誤説**は，法益の有無・量・質などに関係する錯誤のみが同意を無効にするとする。生命であれば，不治の

病に罹っているとだまされたり，余命の長さや著しい身体的苦痛の有無についてだまされたりした場合に，その錯誤に基づいて生命の放棄に同意したときは，同意は無効になることになる。そうすれば殺人罪で保護するものは生命に純化できるが，それ以外の重大な錯誤に陥った被害者の生命の保護が弱くなるという問題がある。

4. 被害者の意思抑圧

瑕疵ある同意の第 2 類型は，被害者の**意思抑圧に基づく同意**である。

事例 08　Xは，自己と偽装結婚させたAを被保険者とする約 6 億円の保険金を入手するために，かねてからXのことを極度に畏怖していたAに対し，事故死に見せかけた方法で自殺することを暴行，脅迫を交えて執拗に迫っていたが，ある日の午前 2 時過ぎ頃，漁港において，Aに対し，乗車した車ごと海に飛び込んで自殺することを命じた。Xはこれにより，Aをして，自殺を決意するには至らせなかったものの，Xの命令に従って車ごと海に飛び込んだ後に車から脱出してXの前から姿を隠す以外に助かる方法はないとの心境に至らせて，車ごと海に飛び込む決意をさせ，自動車を運転して岸壁上から下方の海中に車ごと転落させたが，Aは水没する車から脱出して死亡を免れた。

Xを被告人とする裁判で，最高裁は次のように判断した。

「上記認定事実によれば，Xは，事故を装いAを自殺させて多額の保険金を取得する目的で，自殺させる方法を考案し，それに使用する車等を準備した上，Xを極度に畏怖して服従していたAに対し，

犯行前日に，漁港の現場で，暴行，脅迫を交えつつ，直ちに車ごと海中に転落して自殺することを執ように要求し，猶予を哀願するAに翌日に実行することを確約させるなどし，本件犯行当時，Aをして，Xの命令に応じて車ごと海中に飛び込む以外の行為を選択することができない精神状態に陥らせていたものということができる。

　Xは，以上のような精神状態に陥っていたAに対して，本件当日，漁港の岸壁上から車ごと海中に転落するように命じ，Aをして，自らを死亡させる現実的危険性の高い行為に及ばせたものであるから，Aに命令して車ごと海に転落させたXの行為は，殺人罪の実行行為に当たるというべきである。」（最決平成16年1月20日刑集58巻1号1頁）

　脅迫による意思抑圧に基づいてなされた同意が無効になるのは，被害者が，(ⅰ)合理的な判断ができない精神状態に陥るか，または，(ⅱ)合理的な判断によって当該行為を受け入れるほかないという精神状態に陥った場合である。他人によって行為の判断や行為の選択肢がコントロールされると，そこでなされた判断は自由意思に基づくものとはいえなくなり，法益放棄の効力が否定されることになる。

Ⅳ 正当防衛の前提状況

せいとうぼうえいのぜんていじょうきょう

1巡目 Ⅺ

1．急迫不正の侵害

　正当防衛の要件は，(i)前提としての正当防衛状況の要件（防衛行為者としての資格を含む）と，(ii)その状況で許される防衛行為の要件とに分けられる。

　(i)を担うのが「急迫不正の侵害」である。急迫とは，「法益侵害の危険が緊迫したこと」（最判昭和24年8月18日刑集3巻9号1465頁）または「法益の侵害が現に存在しているか，または間近に押し迫っていること」（最判昭和46年11月16日刑集25巻8号996頁）であるとされ，一般には，未遂の一歩手前の危険を意味する。すなわち，防衛者は侵害者に対して，侵害者にたとえば殺人未遂が成立する少し前の段階で正当防衛ができる。

事例 09　Aは，Xを殺害する意思をもって，包丁を携帯したままXに近づいた。状況を察知したXは，機先を制して，傍らにあった角材でAを殴打し，傷害を負わせた。

　事例09では，XのAに対する殴打行為に傷害罪の構成要件該当性が認められる。しかし，AによるXの生命に対する急迫不正の侵害が認められるので，Xの行為は正当防衛として違法性が

○単一の項目を深める [Ⅳ]

阻却される。ここでは，AにはまだXに対する殺人未遂罪が成立していない可能性があるが，その段階でも急迫不正の侵害が認められる。正当防衛は，防衛行為者が侵害者に対して刑罰を科すという制度ではないので，防衛行為者は，防衛の相手方である侵害者に殺人未遂罪が成立するまで待たなくてよいのである。

2. 正当防衛の前提状況が例外的に否定される場合

さて，**事例09**では，XがAを殴打して傷害を負わせたところだけをみれば傷害罪であるが，時間的に少し手前の段階から観察すれば，Xの殴打行為に先立って，AによるXに対する急迫不正の侵害が認められ，それを根拠にXには正当防衛が肯定された。これは，行為者の行為と結果だけを対象にして構成要件該当性が判断されたうえで，視野を少し広げて事情をより広く対象に取り込んで違法性阻却の判断がなされるという構造である。

構成要件該当性の判断は，中核的な事情だけを対象にして類型的になされるのに対して，違法性阻却の判断では，より多くの具体的事情を対象にして，犯罪の成否について，より実質的な評価がなされる。つまり，限られた事情だけを対象にすると犯罪が成立するようにみえる場合（構成要件該当性が認められる場合）であっても，判断資料を増やすと例外的に犯罪を否定すべきだと判断される（違法性が阻却される）のである。これは，正当防衛以外の違法性阻却事由でも同じである。たとえば，XがAを殴打して傷害を負わせたところだけをみれば傷害罪でも，Aがそれに同意していたという個別の事情を対象に含めて判断すると，被害者の同意により違法性が阻却されるということになる。

このような，**類型性の高い判断から，より個別性の高い判断に移**

行するという手法は、さまざまな法領域でみられる判断方法である。これにより、類型性の高い判断だけですむ事案であればそれで終わりにできて効率的であるし、個別の判断が必要な事案では個別の事情に踏み込んで実質的に妥当な判断をすることができる。

そうすると、上でみた正当防衛における前提状況の判断は、構成要件該当性の判断と比べれば、個別の事情を一段階広く判断対象に入れるものであるが、さらに、前提状況の判断それ自体の中で、類型的な判断と、例外的な個別的判断とがありうることにもなる。つまり、原則として、時間的な切迫性が認められれば急迫性が肯定されるが、それ以外の事情をさらに広く判断対象に含めることで、例外的に正当防衛の前提状況が否定される場合があるのである。判例では、侵害の予期および侵害の自招という2つの例外が認められている。

3. 侵害の予期

防衛行為者に侵害の予期があった場合、一定の範囲で急迫性が否定されるとされている。

> **事例 10** P派に属するXらは、某会館ホールで政治集会を開催するにあたり、P派の学生ら十数名と共謀のうえ、多数の木刀等を凶器として準備し、かねて対立関係にあったQ派の者ら十数名が集会を妨害しに押しかけてきたのに対して、そのうち1人を木刀等で滅多打ちにして撃退したところ、Q派の者らが態勢を整えて再度襲撃してくることは必至と考え、ホール入口にバリケードを築き、再び押しかけてきたQ派の者らに対して、バリケード越しに鉄パイプを投げるなどして応戦した。

○単一の項目を深める［Ⅳ］

このような事案について最高裁は次のように判示している。

「刑法36条が正当防衛について侵害の急迫性を要件としているのは，予期された侵害を避けるべき義務を課する趣旨ではないから，当然又はほとんど確実に侵害が予期されたとしても，そのことからただちに侵害の急迫性が失われるわけではないと解するのが相当であり，これと異なる原判断は，その限度において違法というほかはない。しかし，同条が侵害の急迫性を要件としている趣旨から考えて，単に予期された侵害を避けなかったというにとどまらず，その機会を利用し積極的に相手に対して加害行為をする意思で侵害に臨んだときは，もはや侵害の急迫性の要件を充たさないものと解するのが相当である。そうして，原判決によると，Ｘは，相手の攻撃を当然に予想しながら，単なる防衛の意図ではなく，積極的攻撃，闘争，加害の意図をもって臨んだというのであるから，これを前提とする限り，侵害の急迫性の要件を充たさないものというべきであって，その旨の原判断は，結論において正当である。」(最決昭和52年7月21日刑集31巻4号747頁)

　正当防衛では，**侵害回避・退避義務不存在の原則**がある。侵害が予期されても，原則として回避・退避せずに対抗応戦してよい。ただし，防衛行為を行う者は，〈正当な権利が保護されるべき者の側〉すなわち〈正の側〉に属するといえなければならず，事前に**侵害を予期**し，かつ，**積極的加害意思**をもって侵害に臨んだ場合はそれが否定されて，防衛行為者の資格を失う。侵害が時間的に切迫しているところだけをみれば急迫性が認められそうな場合であっても，侵害の予期と積極的加害意思がある場合は，その行為者との関係では，急迫性の要件が否定されるのである。

　なお,次にみるように,最近の判例では「積極的加害意思」という用語は絶対的なものではなくなっており,むしろ,〈正の側〉にとどまったかどうかを判断する際に着目すべき事情が具体的に挙げられている。

事例 11　X は,知人である A から,某日午後 4 時 30 分頃,不在中の自宅(マンション 6 階)の玄関扉を消火器で何度もたたかれ,その頃から翌日午前 3 時頃までの間,十数回にわたり電話で,「今から行ったるから待っとけ。けじめとったるから」と怒鳴られたり,仲間とともに攻撃を加えると言われたりするなど,身に覚えのない因縁を付けられ,立腹していた。その後 X は,自宅にいたところ,同日午前 4 時頃,A から,マンションの前に来ているから降りてくるようにと電話で呼び出されて,自宅にあった包丁(刃体の長さ約 13.8 cm)にタオルを巻き,それをズボンの腰部右後ろに差し挟んで,自宅マンション前の路上に赴いた。X を見つけた A がハンマーを持って X の方に駆け寄ってきたが,X は,A に包丁を示すなどの威嚇的行動をとることなく,歩いて A に近づき,ハンマーで殴りかかってきた A の攻撃を,腕を出し腰を引くなどして防ぎながら,包丁を取り出すと,殺意をもって,A の左側胸部を包丁で 1 回強く突き刺して殺害した。

　最高裁は次のように判示した(丸数字・丸英字は筆者による)。

　「刑法 36 条は,急迫不正の侵害という緊急状況の下で公的機関による法的保護を求めることが期待できないときに,侵害を排除するための私人による対抗行為を例外的に許容したものである。したがって,行為者が侵害を予期した上で対抗行為に及んだ場合,侵害の急迫性の要件については,侵害を予期していたことから,直ちにこ

○単一の項目を深める［Ⅳ］

れが失われると解すべきではなく……，対抗行為に先行する事情を
含めた行為全般の状況に照らして検討すべきである。具体的には，
事案に応じ，①行為者と相手方との従前の関係，②予期された侵害
の内容，③侵害の予期の程度，④侵害回避の容易性，⑤侵害場所に
出向く必要性，⑥侵害場所にとどまる相当性，⑦対抗行為の準備の
状況（特に，凶器の準備の有無や準備した凶器の性状等），⑧実際の
侵害行為の内容と予期された侵害との異同，⑨行為者が侵害に臨ん
だ状況及び⑩その際の意思内容等を考慮し，行為者がその機会を利
用し積極的に相手方に対して加害行為をする意思で侵害に臨んだと
き……など，前記のような刑法 36 条の趣旨に照らし許容されるも
のとはいえない場合には，侵害の急迫性の要件を充たさないものと
いうべきである。

　……X は，ⓐ A の呼出しに応じて現場に赴けば，A から凶器を用
いるなどした暴行を加えられることを十分予期していながら，ⓑ A
の呼出しに応じる必要がなく，ⓒ自宅にとどまって警察の援助を受
けることが容易であったにもかかわらず，ⓓ包丁を準備した上，ⓔ
A の待つ場所に出向き，ⓕ A がハンマーで攻撃してくるや，包丁を
示すなどの威嚇的行動を取ることもしないまま A に近づき，A の左
側胸部を強く刺突したものと認められる。このような先行事情を含
めた本件行為全般の状況に照らすと，X の本件行為は，刑法 36 条
の趣旨に照らし許容されるものとは認められず，侵害の急迫性の要
件を充たさないものというべきである。」（最決平成 29 年 4 月 26 日
刑集 71 巻 4 号 275 頁）

　このうちⓐは②・③に対応し，ⓑは⑤に，ⓒは④に，ⓓは⑦に，
ⓔとⓕは⑨と⑩に，それぞれ対応しているといえる。

V 続・正当防衛の前提状況
ぞく・せいとうぼうえいのぜんていじょうきょう

1巡目 XI

1. 侵害の自招

　違法性阻却事由である正当防衛の判断は，殺人罪なり傷害罪なりの構成要件該当性が認められる事案について，個別の事情をより広く判断資料に含めることによって，実質的に犯罪の成立を否定すべきだといえる例外的な場合を見つけるものである。

　正当防衛の前提状況である急迫性は，時間的に切迫していれば認められるのが原則であるが，ほかの事情により例外的に否定される場合がある。第1が，侵害の予期＋積極的加害意思等がある場合であったが，第2に，侵害の予期がなかった場合であっても，侵害を自ら招いたときは，一定の範囲で正当防衛の前提状況が否定される。

事例 12　Aは，某日午後7時30分頃，自転車にまたがったまま，歩道上に設置されたごみ集積所にごみを捨てていたところ，帰宅途中に徒歩で通りかかったXが，その姿を不審と感じて声をかけるなどしたことから，両名は言い争いとなった。Xは，いきなりAの左ほおを手拳で1回殴打し，直後に走って立ち去った。Aは，「待て」などと言いながら，自転車でXを追いかけ，上記殴打現場

○単一の項目を深める［Ⅴ］

から約90m進んだ歩道上でＸに追い付き，自転車に乗ったまま，水平に伸ばした右腕で，後方からＸの背中の上部または首付近を強く殴打した。Ｘは，上記Ａの攻撃によって前方に倒れたが，起き上がり，護身用に携帯していた特殊警棒を衣服から取り出し，Ａに対し，その顔面や防御しようとした左手を数回殴打する暴行を加え，よって，同人に加療約3週間を要する顔面挫創，左手小指中節骨骨折の傷害を負わせた。

このような事案について，最高裁は次のように判示した。

「Ｘは，Ａから攻撃されるに先立ち，Ａに対して暴行を加えているのであって，Ａの攻撃は，Ｘの暴行に触発された，その直後における近接した場所での一連，一体の事態ということができ，Ｘは不正の行為により自ら侵害を招いたものといえるから，Ａの攻撃がＸの前記暴行の程度を大きく超えるものでないなどの本件の事実関係の下においては，Ｘの本件傷害行為は，Ｘにおいて何らかの反撃行為に出ることが正当とされる状況における行為とはいえないというべきである。そうすると，正当防衛の成立を否定した原判断は，結論において正当である。」（最決平成20年5月20日刑集62巻6号1786頁）

①侵害に先立って被侵害者による不正な先行行為があり，②それにより侵害が触発されたという心理的因果性があり，かつ，③先行行為と侵害の間に時間的・場所的近接性が認められるときは，**先行行為と不正の侵害とは一連・一体の事態**であって，不正な侵害だけを切り出して〈正 対 不正〉の関係であるということはできず，むしろそれは自招侵害による相互闘争状況であり，〈**不正 対 不正**〉の関係となる。この場合も急迫性が否定されると解されて

いる。

　上の判例では，それ以上に，およそ反撃行為が正当化されない状況とされており，これは緊急避難や他人による正当防衛の可能性も否定する趣旨であると解される。

2. 侵害の自招による前提状況否定の例外的否定

　ただし，自招侵害であれば必ず正当防衛の前提状況が否定されるものとはされていない。上の判例では，「Aの攻撃がXの前記暴行の程度を大きく超えるものでないなどの本件の事実関係の下においては」という留保がついているからである。つまり，自招侵害であっても，侵害がそれを触発した先行行為と比較して「**緩やかな均衡**」を失するような強い攻撃であるときは，例外的に正当防衛の前提状況は否定されないとされているのである。

　事例12を少し変えて，次のような事例を考えてみよう。

事例 13　Aは，自転車にまたがったまま，歩道上に設置されたごみ集積所にごみを捨てていたところ，帰宅途中に徒歩で通りかかったXが，その姿を不審と感じて声をかけるなどしたことから，両名は言い争いとなった。Xは，いきなりAの左ほおを手拳で1回殴打し，直後に走って立ち去った。Aは，「待て」などと言いながら，自転車でXを追いかけ，殴打現場から約90m進んだ歩道上でXに追い付き，自転車に乗ったまま，護身用に携帯していたサバイバルナイフを取り出して，後方からXの背中を刺した。Xは，Aの攻撃によって前方に倒れたが，起き上がり，護身用に携帯していた特殊警棒を衣服から取り出し，Aに対し，その顔面や防御しようとした左手を数回殴打する暴行を加え，よって，同人

に加療約 3 週間を要する顔面挫創，左手小指中節骨骨折の傷害を負わせた。

この場合，X の不正な先行行為は，A を手拳で殴打する行為であるのに対して，それに触発された A の侵害行為は，サバイバルナイフで刺す行為である。これは行為の危険性において均衡を失するものであるから，A の侵害行為は X が自ら招いたものとはいえるものの，〈不正 対 不正〉の関係であるとまではいえないので，X は A に対して正当防衛できることになる。このような不均衡は，不正な先行行為が暴行ではなく侮辱行為であるような場合に，認められやすくなると考えられる。

さて，以上でみたように，

①殺人罪や傷害罪などの構成要件該当性

↓

②正当防衛の前提状況のうち時間的切迫性の要素

↓

③侵害の自招性

↓

④侵害招致行為と侵害行為の不均衡

という判断は，順々に，より個別的な事情を広くみることで，①原則的な犯罪成立，②例外的な犯罪不成立，③さらに例外的な犯罪成立，④さらにさらに例外的な犯罪不成立，と，犯罪の成否の結論を行ったり来たりさせる判断構造になっている。この重層性は，体系を維持しながら妥当な結論を導くために形成されているものである。

Ⅵ 正当防衛行為

せいとうぼうえいこうい

1巡目 ⅩI

1．防衛の意思

　正当防衛の客観的な前提状況と防衛行為者の資格が認められたとしても，あらゆる行為が防衛行為として正当化されるわけではない。まず，防衛の意思が必要である。

事例 14　Xは，安旅館に宿泊してパチンコで生計を立てていたが，同宿人であるAとささいなことで口論となり，Aから，「お前，居直る気か，やる気か，手前出てゆけ，手前なんかぶっ殺してやる」などと怒鳴られ，その言動からして旅館にいることが危険であると感じ，またそのとき「俺が気にいらないなら，出ていく」と言ってしまった手前もあって，いっそ旅館を出てゆき，もはや旅館には戻ってくるまいと考えるに至り，こっそり同旅館をぬけ出し，近くの居酒屋等において，酒を飲み，当面の落ち着き先などあれこれと思い迷っていた。しかし，そのうちAに謝ってみて，もし仲直りができたら，元どおり旅館に泊めてもらおうという考えを起こし，酒の勢いにのって，同旅館に赴き，玄関を上ったところ，Aに，「われはまた来たのか」などとからまれた末，Aから手掌で2回くらい顔面を殴打され，さらに隣室の端に追い詰められて殴打されそうになったので，逆上し，Aを死に至らしめるか

○単一の項目を深める　[Ⅵ]

もしれないがやむをえないとの考えの下に，障子の鴨居の上に隠
してあったくり小刀（Xが以前，のぞき見の目的で自室の壁に穴を開
けるために買って隠しておいたもの）を取り出し，Aの左胸部を突
き刺し，よって同人を殺害した。

　このような事案について，最高裁は次のように判示した。

　「刑法 36 条の防衛行為は，防衛の意思をもってなされることが必
要であるが，相手の加害行為に対し憤激または逆上して反撃を加え
たからといって，ただちに防衛の意思を欠くものと解すべきではな
い。これを本件についてみると，……かねてからXがAに対し憎悪
の念をもち攻撃を受けたのに乗じ積極的な加害行為に出たなどの特
別な事情が認められないかぎり，Xの反撃行為は防衛の意思をもっ
てなされたものと認めるのが相当である。

　しかるに，原判決は，本件においてこのような特別の事情のあっ
たことは別段判示することなく，……あたかも最初はXに防衛の意
思があったが，逆上の結果それが次第に報復の意思にとってかわり，
最終的には防衛の意思が全く消滅していたかのような判示をしてい
るのである［が，］XがAから殴られ，追われ，隣室の広間に入り，
西側障子のところで同人を突き刺すまで，1 分にもみたないほどの
突発的なことがらであったことが記録上うかがわれるから，原判決
の判示するような経過でXの防衛の意思が消滅したと認定すること
は，いちじるしく合理性を欠き，重大な事実誤認のあることの顕著
な疑いがあるものといわなければならない。」（最判昭和 46 年 11 月
16 日刑集 25 巻 8 号 996 頁）

　その後の判例でも，「急迫不正の侵害に対し自己又は他人の権
利を防衛するためにした行為と認められる限り，その行為は，同
時に侵害者に対する攻撃的な意思に出たものであっても，正当防

衛のためにした行為にあたると判断するのが，相当である」のであって，「防衛の意思と攻撃の意思とが併存している場合の行為は，防衛の意思を欠くものではない」のであるが，「防衛に名を借りて侵害者に対し積極的に攻撃を加える行為［は防衛の意思を欠く］」（最判昭和50年11月28日刑集29巻10号983頁）とされている。

つまり，防衛の意思は，**もっぱら攻撃の意思**の場合にはじめて消滅する。そして，客観的な積極的加害行為があると，もっぱら攻撃の意思であると認められる。

なお，「積極的加害行為」と「積極的加害意思」は別物なので注意が必要である。後者は，侵害の予期に基づき，侵害に先立って認められるものであった。

2. 防衛手段としての相当性

正当化される防衛行為といえるためには，客観的にも防衛手段としての相当性をみたさなければならない。2つの事例と，それに対する最高裁の判断をみてみよう。

事例 15 Xは，Aから突然左手の中指および薬指をつかまれ逆にねじあげられたので，痛さのあまりこれをふりほどこうとして，右手でAの胸のあたりを1回強く突き飛ばし，Aを仰向けに倒してその後頭部を，たまたまそこに駐車中であったAの自動車の後部バンパーに打ち付けさせ，Aに全治45日間の頭部打撲傷の傷害を負わせた。

「刑法36条1項にいう『已ムコトヲ得サルニ出テタル行為』とは，

急迫不正の侵害に対する反撃行為が，自己または他人の権利を防衛する手段として必要最小限度のものであること，すなわち反撃行為が侵害に対する防衛手段として相当性を有するものであることを意味するのであって，反撃行為が右の限度を超えず，したがって侵害に対する防衛手段として相当性を有する以上，その反撃行為により生じた結果がたまたま侵害されようとした法益より大であっても，その反撃行為が正当防衛行為でなくなるものではないと解すべきである。」（最判昭和 44 年 12 月 4 日刑集 23 巻 12 号 1573 頁）

事例 16　X は，年齢も若く体力にも優れた A と車の通行をめぐって口論になり，A から，「お前，殴られたいのか」と言って手拳を前に突き出し足を蹴り上げる動作を示して近づかれ，さらに後ずさりするのを追いかけられて目前に迫られたため，その接近を防ぎ，A からの危害を免れるため，自車内に置いてあった菜切包丁を手に取ったうえ，腰のあたりに構えて，「切られたいんか」などと脅迫した。

「原判決が，素手で殴打しあるいは足蹴りの動作を示していたにすぎない A に対し，X が殺傷能力のある菜切包丁を構えて脅迫したのは，防衛手段としての相当性の範囲を逸脱したものであると判断したのは，刑法 36 条 1 項の『已ムコトヲ得サルニ出テタル行為』の解釈適用を誤ったものといわざるを得ない。」「X は，……A からの危害を避けるための防御的な行動に終始していたものであるから，その行為をもって防衛手段としての相当性の範囲を超えたものということはできない。」（最判平成元年 11 月 13 日刑集 43 巻 10 号 823頁）

　防衛手段としての相当性は，Ⓐ侵害から予測された〈結果〉と

防衛により現に生じた〈結果〉を比較するのではなく，また，⑧侵害行為に用いられた〈武器〉と防衛行為に用いられた〈武器〉を形式的に比較するのでもなく，⑥侵害行為の危険性と防衛行為の危険性を実質的に比較して判断すべきものとされている。

ここでは，侵害行為を排除するのに必要最小限度の防衛行為であれば，相当性が認められることが基本となる。ただし，財産を守るために殺害するような極端に危険性が不均衡である場合は，相当性を否定するのが一般的な理解である。反対に，必要最小限度とはいえないが，危険性は均衡しているような場合については，判断が分かれる。

なお，防衛手段としての相当性は，単発の行為（ナイフで刺すなど）についてと，時間的に幅のある一連の行為（継続的に殴打するなど）についてと，両方が判断対象となる。相当性が，前者について欠けると「**質的過剰**」，後者について欠けると「**量的過剰**」とよばれ，いずれも正当防衛が否定されて過剰防衛となる。

3. 過剰防衛とその限界

防衛手段としての相当性を欠く過剰防衛は，質的過剰だけでなく量的過剰の場合も，急迫不正の侵害に対して防衛するという心理的に圧迫された状況における行為なので，責任減少が認められ，刑が裁量的に減免される（36条2項）。このうち量的過剰として裁量的減免が認められるためには，侵害終了前の第1行為と侵害終了後の第2行為との間に一連一体性がなければならない。

事例 17　Xは，Aから執拗に殴りかかられたので，Aを殴り返したが，Aがやめる気配がないので，さらに殴り続けたところ，途

○単一の項目を深める［Ⅵ］

中でAは意識を失って倒れ込んだが，Xは勢い余ってなおも数回Aを殴打した。

事例 18　Xは，Aから執拗に殴りかかられたので，Aを殴り返したが，Aがやめる気配がないので，さらに殴り続けたところ，途中でAは意識を失って倒れ込んだ。Xは，Aに対する憤激から，動かないAの頭部を足で蹴り続けた。

事例 17 は，典型的な量的過剰である。これとは異なり，事例 18 のように，侵害の終了を認識し，防衛の意思を失ってもなお反撃を続け，しかも，行為態様がより激しくなっているような場合は，行為間に断絶が認められ，第1行為には正当防衛が認められる一方で，第2行為には過剰防衛すら認められない純粋な犯罪が成立する。

なお，そうすると，事例 17 で，第1の暴行から傷害結果が発生し，第2の暴行は暴行止まりだった場合は，一連一体の暴行から傷害が発生しているので，Xには傷害罪が成立する（過剰防衛による裁量的減免の対象にはなる）のに対して，事例 18 で，同じく第1の暴行から傷害結果が発生し，第2の暴行は暴行止まりだった場合は，第1行為についての傷害罪は正当防衛により不可罰となり，第2行為については暴行罪のみが成立することになって，より悪質である事例 18 の方が，成立する犯罪は軽くなるという逆転が生じる。不均衡だが，量刑で対応するしかないとされる。

Ⅶ 故 意
こ　い

1巡目 Ⅳ・Ⅴ

1. 故意の認識対象——事実の認識と意味の認識

　故意とは，「**犯罪事実の認識・認容**」である。これは，犯罪を構成する事実を主観面に思い描きながら（認識），あえて行為に出る（認容）ことで認められる。客観的要件がみたされていれば行為に出たことは前提になるから，重要なのは「犯罪事実の認識」がどういう場合に認められるかである。これは，(i)認識の対象である「**犯罪事実**」とは何かという問題と，(ii)主観面がどのような状態であるときに「**認識している**」といえるのかという問題に分けられた。

　認識の対象は，まず，たとえば殺人罪であれば，自分の行為から被害者の死亡結果が発生するという裸の事実である。〈犯罪の客観的要件に該当する事実の外形〉を認識しなければならない。これは「**事実の認識**」とよばれるのだった。

　さらに次のような「**意味の認識**」も必要である。

> **事例 19**　Xは自宅に覚醒剤を置いていたが，「メタンフェタミン」という名称の風邪薬だと勘違いしていた。

　覚醒剤の所持が禁止され犯罪とされる（覚醒剤取締法41条の2

第1項）のは，それが幻覚作用や依存性により公衆衛生上の危険がある物質だからである。そのような〈処罰の根拠となる性質〉を認識しているときにはじめて，行為者の主観面が犯罪性のあるものになり，故意が認められる。事例 19 の X は，「メタンフェタミン」という覚醒剤の物質名は認識しているが，覚醒剤所持について意味の認識を欠くので，覚醒剤所持罪の故意は否定される。

もっとも，一般的な犯罪類型では，事実の認識があれば意味の認識も認められるのが通常であり，意味の認識の有無をあえて判断しなければならない場面は限られている。

2. 未必の故意の認定

主観面に犯罪事実と犯罪ではない事実の両方が描かれている場合は，犯罪事実の認識があると判断され，未必的故意が認められるのであった。

事例 20　X は，A が死亡するかもしれないし死亡しないかもしれないと認識しつつ，橋の上から A を突き落とした。A は橋の下の湖で溺死した。

この場合は，X に殺人の未必的故意が肯定できる。では，事例が次のように記述されていたらどうか。

事例 21　X は，橋の上から A を突き落とした。A は橋の下の湖で溺死した。

事例 20 とは異なり，事例 21 のように行為の時点での行為者の主観面が直ちに明らかではないときには，どのように認識の有無を判断したらよいのだろうか。

　ポイントとなるのは，**故意は単なる願望とは異なる**ということである。ある事実について故意があるといえるためには，その事実の根拠となるべきものを認識していなければならず，逆に，事実を根拠なく思い描くことは，願望にすぎないのである。これを殺人罪に適用すると，次のようになる。

　死亡結果は行為の時点からみると将来の事実である。行為から死亡結果が発生することの根拠となる事実は，当該行為が死亡結果を発生させる危険性の高い行為であるということである。したがって，死亡結果に対する予見が肯定されるためには，当該行為が死亡結果を発生させる危険性の高い行為であることを認識している必要がある（結果発生の危険性のさほど高くない行為であることの認識でも根拠の認識として十分かは，議論が分かれる）。

　そして逆に，死亡結果を発生させる危険性が高い行為であるということさえ認識していれば，それを否定する特別の事情がない限り，結果の予見があるものとして，故意は肯定される。結果発生の危険性の高さを認識していれば，結果の発生を予見しているのが通常であって，危険性が高いにもかかわらず結果が発生しないと認識するのは，それを基礎づける例外的な事情を認識している場合に限られるからである。

　さらに，通常は自分の行為は正しく認識しているものである。そうすると，死亡結果を発生させる危険性が客観的に高い行為であれば，そのことが認識できない特別の事情がない限り，行為の危険性は認識されていることになる。

　そうすると，①まず問題なのは，行為が客観的に危険かどうか，であり，②次いで，客観的に危険性が高い場合は，自分の行為であるにもかかわらずその危険性を認識していない特別の事情があ

るかどうかをみて，③さらに，行為の危険性を認識していたといえる場合には，それにもかかわらず結果の不発生を認識したといえる特別の事情があるかどうかをみる，という**「原則―例外」の重層構造**で判断するのがよさそうである。

一般に，殺意の認定で利用される主な情況証拠は，ⓐ凶器の種類・形状・性能，ⓑ凶器の用法，ⓒ創傷の部位，ⓓ創傷の程度，ⓔ犯行の動機，ⓕ犯行後の行動である。このうちⓐ〜ⓓが行為の客観的な危険性を判断するものであり，ⓔおよびⓕが結果発生を目指していたかを判断するための補助的な資料となっている。

事例 21 では，橋の上から湖に突き落とす行為が客観的にどれくらい危険かがまず問題となる。そして，その結論は，水温や被害者の泳ぐ力，そして水深や橋脚の有無などの具体的な事情によるだろう。水温が低ければ心臓死の危険があり，泳げなければ溺死の危険，水深が浅かったり橋脚があったりすれば衝突死の危険が認められる。実際の刑事裁判では，それらを示す証拠が出されるから具体的に判断できるが，事例問題だと具体的事実関係の記述には限界があるところである。

3. 故意の種類

故意の最低限を画する未必的故意よりも強い故意として，意図と確定的故意がある。

事例 22 Xは，保険金殺人の目的で，100万回に1回の確率でブレーキが利かなくなる細工を，Aの自動車に対して施した。

事例 23 Xは，10階建てのビルの屋上でAの言動に腹が立ったので，Aを下に突き落とした。

事例22のように積極的な意図・目的があれば，結果発生の確率は低いという認識でも，故意が認められる。反対に，事例23のように確実に結果が発生するという認識があれば，積極的な意図・目的はなくてもよい。いずれも，現にAが死亡すれば殺人既遂，死亡しなくても殺人未遂となる。

さらに，故意が認められる特殊な類型として次の3つがある。未必的故意の一種とも整理されうるが，独立した類型として理解しておくことが望ましい。

事例 24　Xは，大勢の人がいる部屋の中に手榴弾を投げ込んだ。Xは人数を正しく認識していなかったが，その部屋にいた10名が死亡し，20名が負傷した。

これは，「概括的故意」とよばれる。Xには，部屋にいた30名全員に対する殺人の故意が認められる。したがって，10名に対する殺人既遂と，20名に対する殺人未遂が成立する。

事例 25　Xは，30名が参加している立食パーティー会場で，ワイングラスの1つに致死量の毒薬を入れた。それを飲んだAが死亡した。

これは，「択一的故意」とよばれる。概括的故意のうち，結果の個数を限定して予見している場合である。毒入りワインを飲む可能性のあった者全員に対する殺人の故意が認められたうえで，1人しか殺害するつもりがない点が，既遂との関係で限定的にはたらきうる。つまり，事例25では，Aに対する殺人既遂と，毒入りワインを飲む可能性があった者全員に対する殺人未遂が成立するが，かりにAとBが1杯を分け合って飲んだために2人と

○単一の項目を深める［Ⅶ］

も死亡した場合は，そのうち1人についてのみ殺人既遂とすることが考えられる。ただし，その場合，AとBのどちらに対する殺人既遂を認めるのかという問題が残る。最初に死亡した方だろうか。なお，判例は基本的に，犯罪の成否の判断においては，そのように故意の個数を問題にはしない立場を採用している。

事例 26 Xは，覚醒剤を所持したが，その物質が覚醒剤であるということを確定的には認識せず，「覚醒剤を含む身体に有害で違法な薬物類である」と認識していた。

これは，「**類的故意**」とよばれる。覚醒剤であるという（具体的な）〈種として〉の認識がなくても，覚醒剤を含む薬物類であるという（より抽象的な）〈類として〉の認識があれば足りるとする考え方である。「覚醒剤を含む薬物類」の認識というのは，「覚醒剤，または，覚醒剤以外の薬物類」の概括的故意であるから，覚醒剤であることの未必的故意が認められるとみることができる。なお，上記の「身体に有害で違法な」という部分は，意味の認識の対象にあたる。

Ⅷ 過失

かしつ

1巡目 ⅩⅣ

1. 過失犯処罰の特徴

　過失致死罪・過失傷害罪は，条文上，行為の態様が限定されておらず，また，特定の領域における活動だけを対象にしているわけでもないので，結果として人の死亡・傷害をもたらしうる行為はすべて処罰対象となる可能性を秘めている。交通事故に限っても，道路交通だけでなく鉄道・船舶・航空の事故があるし，同じく身体の外部からの物理的な攻撃として各種工事の事故や火災事故などがあるほか，さらに，医療や薬品・食料品にかかる事故，そして大気汚染・水質汚染の公害といった主に身体の内部への生理的な攻撃による過失犯も少なくない。

　それらの多様な事故が，すべて「過失犯」の名の下に共通した構造で規制・処罰されなければならないが，実際は，客観面における注意義務の内容および主観面における結果の予見可能性に対する判断のあり方は，問題となる活動の分野や行為の場面ごとに異なったものになりうる。

2. 道路交通事故と信頼の原則

　一般に誰でも参加可能で加害者になりうる道路交通においては，

○単一の項目を深める［Ⅷ］

過失犯における注意義務を限定する法理として，「**信頼の原則**」
が認められている。これは，ほかの交通参加者が適切な行動をと
ることを信頼して，それを前提に適切な行為をすればよい，換言
すれば，被害者等が不適切な行為に出る可能性まで考えながら注
意深く行動しなかったからといって，注意義務違反としての過失
が認められはしない，とするものである。

事例 27　Ｘは，自動車の運転中，交差点で右折する際，右側の安
　　全を確認しなかったため，自車を右側から追い越そうとしたＡの
　　バイクに衝突して，Ａに傷害を負わせた。なお，Ａには，道路の
　　右側部分にはみ出し，Ｘの車を右側から追い越すのではなく，Ｘ
　　の車が一時停止したため通りにくい場合であっても，進行方向の
　　左側に進み，徐行または停止して進路の空くのを待つ義務があっ
　　た。

　このような事案で，最高裁は，次のように判示している。

　「本件のように，交通整理の行なわれていない交差点において，右
折途中車道中央付近で一時エンジンの停止を起こした自動車が，再
び始動して時速約5kmの低速（歩行者の速度）で発車進行しよう
とする際には，自動車運転者としては，特別な事情のないかぎり，
右側方からくる他の車両が交通法規を守り自車との衝突を回避する
ため適切な行動に出ることを信頼して運転すれば足りるのであって，
Ａの車両のように，あえて交通法規に違反し，自車の前面を突破し
ようとする車両のありうることまでも予想して右側方に対する安全
を確認し，もって事故の発生を未然に防止すべき業務上の注意義務
はないものと解するのが相当であ［る。］」（最判昭和41年12月20
日刑集20巻10号1212頁）

この信頼の原則は，自らが交通法規に違反している場合であっても，適用は否定されないものとされている。たとえば，**事例 27** でＸが右折方法に関する義務に反していたとしても，Ａに傷害を負わせたことについてＸに過失犯が成立しないという結論は変わらないことになる。自分は違反しておきながら，他人が違反しないことは期待してよい，というと不当だと感じるかもしれないが，**事例 27** でかりにＸも傷害を負っていたとしたら，それについてＡの過失犯も否定されるということであるから，ＸとＡの間で対等性が失われているわけではない。

　その一方で，幼児など，適切な行動に出ることが期待できないような被害者との関係では，信頼の原則は適用されない。

3．火災事故と管理過失

　ホテルやデパートのような不特定多数者が滞在するビルにおける火災事故は，過失犯との関係で難しい問題を生じさせる。

事例 28　Ｘが代表取締役を務めるホテルＹでは，Ｘが防火戸を設置しておらず，また，消防計画の作成やそれに基づく避難誘導訓練を行っていなかったところ，ある日，工事作業員Ｚが不注意で火災を発生させたことにより，煙が短時間で建物内全体に充満し，また，適切な火災通報および避難誘導が行われなかったため，多数の宿泊客および従業員が死傷した。

　このような場合，工事作業員Ｚに過失致死罪・過失傷害罪が成立することは問題ない（正確には，業務上の過失が認められるので，業務上過失致死傷罪〔211条前段〕である。なお，火災を発生させたこと自体を処罰対象とする〔業務上〕失火罪〔116条・117条の2〕も成立

○単一の項目を深める［Ⅷ］

する）。問題は，ホテルの代表取締役 X も，被害者を死傷させた
ことについて過失犯で処罰されるかどうかである。X には防火体
制を確立する義務があったので注意義務違反は肯定でき（このよ
うな場合を管理過失という），それと結果との因果関係もあるから，
あとは結果の予見可能性が認められるかどうかという問題になる。
類似の事案で，最高裁は次のように判示している。

「宿泊施設を設け，昼夜を問わず不特定多数の人に宿泊等の利便を
提供する旅館・ホテルにおいては，火災発生の危険を常にはらんで
いる上，X は，同ホテルの防火防災対策が人的にも物的にも不備で
あることを認識していたのであるから，いったん火災が起これば，
発見の遅れ，初期消火の失敗等により本格的な火災に発展し，建物
の構造，避難経路等に不案内の宿泊客等に死傷の危険の及ぶ恐れが
あることはこれを容易に予見できたものというべきである。」（最決
平成 2 年 11 月 16 日刑集 44 巻 8 号 744 頁）

防火体制を確立していなくても，火災が発生しなければ死傷結
果は生じえないので，死傷結果に対する予見可能性を肯定するた
めには，火災発生に対する予見可能性が認められなければならな
い。しかし，その日その時，火災が発生することの予見は，通常
できない。そこで，上記判例では，火災発生の危険は常にある，
と指摘されている。しかし，そのように一般的・類型的な危険の
認識があればよいとすると，交通事故でも，自動車を運転してい
れば事故を起こす危険は常にあるともいえ，結局，継続的な活動
における過失犯については，予見可能性が処罰限定の機能を果た
さなくなるおそれがあるため，学説上は批判も少なくない。

├─┼─┼─┼─┼─┼─) 刑 法 隠 語 ④ (─┼─┼─┼─┼─┤

犯罪の段階に関する隠語をみていこう。

犯罪の準備をすることを「文つける」という。「山見」は犯行場所の下見であり，特に侵入窃盗の下見行為は「すずめ」という。

犯行の道具を用意することを「ねたばい」といい，語源は不明であるが，道具の意味がある「ねた」と，売買の略で〈入手する〉という意味がありそうな「ばい」とを組み合わせたものかもしれない。

「みそ」は犯罪の実行に着手する意思決定をいい，「みの」は現に犯罪の実行に着手することである。

実行に着手した後，実行中に発覚することを「居流れ」といい，その他外的要因による障害未遂一般を「かぶれ」という。これに対して，中止未遂を指すのは「ごす」である。このあたりの用語が細かく使い分けられているところに，障害未遂と中止未遂の違いが犯罪者にとっても強い興味の対象であることが表れていて，面白い。

そして，「浮かぶ」や「ようろく」は，犯罪を実行して予期の成果を得ること，すなわち既遂である。

では，犯罪の既遂後の「雪屋のうさぎ」といえば，どのような状態を指すだろうか。答えは**刑法隠語⑤**を参照。

＊　＊　＊

刑法隠語③の答え。弁護士は「ほとけ」である。

複数の項目を
組み合わせる

　このブロックでは，ここまでで学習した項目どうしを組み合わせることで生まれる複雑な論点についてみていく。

IX 早すぎた／遅すぎた構成要件実現

はやすぎた／おそすぎたこうせいようけんじつげん

1巡目 II・III・V・VII

1. 因果関係の錯誤の特殊な場合

　判例・多数説の立場からは，具体的事実の錯誤（客観と行為者の主観とにずれがあるものの，行為者の認識した事実と客観的に実現した事実とが同じ犯罪の構成要件にあたる場合）は，客体の錯誤も因果関係の錯誤も方法の錯誤も，故意犯の成立を否定しないものとされた。このうち因果関係の錯誤の特殊な場合として，遅すぎた構成要件実現および早すぎた構成要件実現がある。

2. 遅すぎた構成要件実現

　次の事例で殺人罪は認められるだろうか。

事例 29　Xは，Aを殺害するために，熟睡中のAの首を麻縄で絞めたところ，Aは動かなくなったので，Aはすでに死亡したものと勘違いし，殺人の発覚を防ぐためにAを砂浜に運んで放置したが，実はまだ生きていたAは，首を絞められたことと砂を吸引したことによって窒息死した。

　事例29では，XにAに対する殺人罪が成立するか，殺人未遂罪と過失致死罪が成立するにとどまるかが問題である。判例（大

判大正 12 年 4 月 30 日刑集 2 巻 378 頁）は，このような事案で殺人罪を肯定している。順を追って検討すると次のようになる。

(1) 殺意をもって首を絞める行為は，少なくとも殺人未遂にはなる。

(2) 次いで，砂浜での放置行為は，ⓐ客観面については，死亡結果との間に直接的な因果関係があるが，ⓑ主観面については，殺人の故意がないので，過失致死にしかならない。

(3) それでは，首を絞める行為について，殺人未遂にとどまらず，殺人既遂の成立まで認めることができるか。

ⓐ 客観面について，死亡結果との間の因果関係が認められるかを検討すると，死亡を誤信して砂浜に放置するという自己の行為が介在しているが，その寄与度は決定的というほどではなく，また，異常性も小さいから，危険実現は肯定できそうである（首を絞めることによる直接的危険実現と，自己の行為および被害者による砂の吸引を介した間接的危険実現との，合わせ技ということもできる）。

ⓑ 主観面については，殺人の故意は認められるので，あとは因果関係の錯誤が故意犯を否定しないかが問題となる。これは，「**ウェーバーの概括的故意**」または「**遅すぎた構成要件実現**」とよばれ，故意犯の成立を否定しないのが一般的な理解である。因果関係について重要なのは，その有無だけであって，因果経過の違いは法的に重要ではないからである。

要するに，殺人の故意に基づく殺人の実行行為が行われれば殺人未遂が成立し，そこから客観的に因果関係が認められる形で結果が発生すれば殺人既遂になる，というのが，判例・多数説の考え方である。

3. 早すぎた構成要件実現

次に、早すぎた構成要件実現をみよう。

事例 30 Xは、Aにクロロホルムをかがせて意識を失わせ（第1行為）、自動車ごと海に転落させて（第2行為）溺死させる計画を立て、現に第1行為と第2行為を実行したが、後の鑑定の結果、Aは第1行為により中毒死していたことが判明した。

事例30のポイントは、単に結果の発生時期が予定よりも早かったということではなく、結果を発生させるための最後の行為として行為者が予定していた第2行為よりも早い段階の第1行為から、結果が発生していることである。このように、行為者が想定していたよりも早い段階の行為から結果が発生した場合を、「**早すぎた構成要件実現**」とよぶ。

殺人の故意が認められるのは第2行為であって、第1行為に故意を認めることはできないようにも感じられるが、判例では、第1行為と第2行為を合わせた「**一連の殺人行為**」というものを観念することで、故意犯の成立が認められている。すなわち、一連の殺人行為から死亡結果が発生したといえれば、殺人行為のどの部分から結果が発生したかについて錯誤があっても（これも因果関係の錯誤の一種であるということができる）、殺人既遂が成立する、と構成するのである。

このように考える場合、どの時点から「一連の殺人行為」が始まるのかを決めることが重要になる。判例では、「実行の着手」が基準とされている。事例30のような事案では、第1行為の開始時点で、殺人の実行の着手が肯定されるのだった。つまり、ク

○複数の項目を組み合わせる［Ⅸ］

ロロホルムをかがせて意識を失わせたうえで，自動車ごと海に転落させるという行為の全体が，一連の殺人行為とされている。これを，次の事例と比較してみよう。

事例 31　Xは，Aを射殺しようとして拳銃の引き金を引いたが，20 mm 引くと弾が発射されると思っていたところ，意外にも10 mm 引いただけで発射され，Aは即死した。

事例 32　Xは，Aを爆殺しようとして，起爆装置の青のボタンと赤のボタンを連続して押した。Xは，青ボタンでロックが解除され，その後，赤ボタンで爆発が生じるものと考えていたが，意外にも，青と赤のボタンの機能は逆であり，かつ，すでにロックは解除されていたために，青ボタンを押した時点ですでに爆発が起きて，Aは即死した。

　事例 31 の場合は，引き金をまず 10 mm 引く第 1 行為と，さらに 10 mm 引く第 2 行為を分けて考えるのは常識から外れるであろう。引き金を引いて射殺したのであれば，引き金を引く長さの違いは問題にすることなく，殺人既遂を認めてよい。

　これに対して，事例 32 では，青ボタンを押す行為を第 1 行為，赤ボタンを押す行為を第 2 行為として分けることはできるだろうが，それらは一連の起爆行為であるとみるのが結局自然である。

　その延長で，第 1 行為と第 2 行為の区別が一層明確な場合でも一連の殺人行為が肯定されるのが，事例 30 なのである。

　いずれにせよ，ここでも，殺人未遂から客観的に因果関係が認められる形で結果が発生すれば殺人既遂になるという構造が認められている。

X 誤想防衛・誤想過剰防衛

ごそうぼうえい・ごそうかじょうぼうえい

1巡目 Ⅳ・X・Ⅺ，2巡目 Ⅵ

1．誤想防衛

客観的に構成要件該当性が認められ，かつ，違法性阻却事由が存在しなくても，行為者の主観面に描かれている事実が違法性阻却事由に該当する事実である場合は，犯罪事実の認識・認容である故意が否定される。次の**誤想防衛**の事例がこれにあたる。

事例 33　XはAがBに襲われていると勘違いして，Aを助けるためにBを羽交い締めにした。

Xの行為は，暴行罪の構成要件該当性があり，かつ，違法性阻却も認められない（客観的に急迫不正の侵害がないので正当防衛は成立しない）。しかし，故意が否定されて，不可罰となる。構成要件該当事実の認識があっても，正当防衛に該当する事実の認識もある場合は，結局それは犯罪事実の認識ではないので，故意が否定されるのである。構成要件該当事実の認識としての故意を「**構成要件的故意**」とよび，違法性阻却事由該当事実の認識がある場合を「**責任故意がない**」ということがある。

事例 34　XはAがBに襲われていると勘違いして，Aを助ける

○複数の項目を組み合わせる［X］

ためにBを羽交い締めにしたところ，バランスを崩したBは転倒し，その際にBはかすり傷を負った。Xは，よく注意して見れば，BがAを襲っているのではないことに気づけた。

事例34は，XがBに傷害を負わせた点が**事例33**とは異なる。もっとも，誤想防衛であるところは共通で，Xには暴行・傷害について責任故意がないから，**事例34**でも故意を要件とする傷害罪は成立しない。しかし，Xの主観面には，傷害罪の故意に至る可能性が認められるので，過失傷害罪が成立することになる。過失は故意の可能性であることを思い出そう。

正当防衛が成立する場合は，故意・過失の有無にかかわらず，違法性が阻却されて犯罪不成立となる。これに対して，誤想防衛の場合は，故意が否定されるだけなので，過失犯の可能性は残ることになるのである。

2. 誤想過剰防衛

存在しない急迫不正の侵害を誤信した場合のうち，行為者の主観面に描かれている事実が過剰防衛に該当するときは，**誤想過剰防衛**として犯罪が成立する。ただし，客観的に過剰防衛が成立する場合と同じく，急迫不正の侵害を認識することによる心理的圧迫が認められ，そのような行為に出てしまうことについて非難の程度が減じるといえるので，36条2項（裁量的減免）が類推適用されるべきである。

事例 35 空手三段の英国人Xは，夜間帰宅途中の路上で，酩酊したA女とこれをなだめていたB男とが揉み合ううちAが尻もちをついたのを目撃して，BがAに暴行を加えていると誤解し，Aを

助けるべく両者の間に割って入ったうえ，Aを助け起こそうとした。次いでBの方を振り向き両手を差し出して同人の方に近づいたところ，同人がこれを見て防御するため手を握って胸の前あたりにあげたのをボクシングのファイティングポーズのような姿勢をとり自分に殴りかかってくるものと誤信し，自己およびAの身体を防衛しようと考え，とっさにBの顔面付近に当てるべく空手技の回し蹴りをして，左足を同人の右顔面付近に当て，同人を路上に転倒させて頭蓋骨骨折等の傷害を負わせ，8日後に脳硬膜外出血および脳挫滅により死亡させた。

このような事案について，最高裁は次のように判示している。

「本件回し蹴り行為は，Xが誤信したBによる急迫不正の侵害に対する防衛手段として相当性を逸脱していることが明らかであるとし，Xの所為について傷害致死罪が成立し，いわゆる誤想過剰防衛に当たるとして刑法36条2項により刑を減軽した原判断は，正当である。」（最決昭和62年3月26日刑集41巻2号182頁）

このような事案についてどのように検討するべきなのかを，順にみていこう。

まず，構成要件該当性としては，客観面では行為と死亡結果とその間の因果関係が認められ，そして，主観面は暴行・傷害の故意であるから，傷害致死罪の構成要件該当性が認められる。

次いで，違法性阻却を考えると，客観的に急迫不正の侵害が存在しないから，正当防衛は不成立である。

さらに，責任阻却を考えると，**主観面に描かれているのは過剰防衛となる行為**である――Xが誤信したBによる急迫不正の侵害との関係で，Xの防衛行為は危険性が著しく均衡を失しており過

○複数の項目を組み合わせる［X］

剰である——ので、責任故意は否定されない。

　したがって、傷害致死罪が成立することになる。ただし、X は B に殴られると思っており、その心理的に圧迫された状態で行為に出ているので、やむをえない部分がなくはないから、36 条 2 項の類推適用による刑の減免の可能性を認めるべきである。

3.　若干の補足

　責任故意の否定というのは、行為者の主観面に描かれている事実が犯罪性を有していないということである。したがって、過剰防衛となる事実を主観面に描いていた事例 35 の X が、かりに「この回し蹴りは正当防衛によって違法性が阻却される行為である」と勘違いしていたとしても、法的評価を誤っているだけなので、責任故意は否定されない。

　また、責任故意の否定は、誤想防衛に限らず、違法性阻却事由に該当する事実を誤信した場合のすべてに妥当する。

> **事例 36**　X は、A からマッサージを依頼されたと勘違いして、A の肩をたたいた。

　X の行為は、A に対する暴行罪の構成要件に該当し、客観的に被害者の同意はないので違法性も阻却されないが、X の主観面には同意に基づく暴行が描かれており、これには犯罪性がないから、責任故意が否定されて、X は不可罰となる。

XI 共犯と違法性阻却事由
きょうはんといほうせいそきゃくじゆう

1巡目 Ⅷ・Ⅸ・Ⅺ・ⅩⅤ，2巡目 Ⅳ・Ⅵ

1．正当防衛と新たな共謀

共謀の射程は，正当防衛の事案でも問題になりうる。

事例 37 Xは，A，B，Cとともに，Yによる急迫不正の侵害からDを防衛するためにYに暴行を加えた。Yによる侵害が終了した後も，AとBがYに対する暴行を継続し，Aの暴行によりYに傷害が生じた。

このような場合，直接の実行によりYに傷害を負わせたAに傷害罪が成立し，その暴行を共同して実行していたBも傷害罪の共同正犯で問題ないが，X（やC）はどうだろうか。当初，防衛行為としてYに暴行を加えることを共謀していたXは，積極的に離脱して**共犯関係を解消**しない限り，傷害罪の共同正犯が成立することになるだろうか。

このような事案について，最高裁は次のように判示している。

「本件のように，相手方の侵害に対し，複数人が共同して防衛行為としての暴行に及び，相手方からの侵害が終了した後に，なおも一部の者が暴行を続けた場合において，後の暴行を加えていない者に

○複数の項目を組み合わせる［XI］

ついて正当防衛の成否を検討するに当たっては，侵害現在時と侵害終了後とに分けて考察するのが相当であり，侵害現在時における暴行が正当防衛と認められる場合には，侵害終了後の暴行については，侵害現在時における防衛行為としての暴行の共同意思から離脱したかどうかではなく，新たに共謀が成立したかどうかを検討すべきであって，共謀の成立が認められるときに初めて，侵害現在時及び侵害終了後の一連の行為を全体として考察し，防衛行為としての相当性を検討すべきである。」（最判平成 6 年 12 月 6 日刑集 48 巻 8 号509 頁）

つまり，新たな共謀が認められない場合は，X は，侵害現在時の暴行については正当防衛による違法性阻却が認められ，侵害終了後の暴行・傷害についてはそもそも**因果性を有しない**ことになるから，結局，犯罪は成立しないという結論になる。

2. 共犯における違法性阻却の連帯性

次の例も，共犯における違法性阻却の問題である。

事例 38 　A は，X にバットで殴られることを承諾した。Y は X にバットを貸し，X はそのバットで A を殴打し，そこに来た Z も，自分にも殴らせろと言って A を殴打した。

X の暴行は，被害者の同意があるので違法性が阻却される。Z の暴行は同意の対象外であり，違法性阻却は認められないと考えられる。Y のバット貸与行為は，それ自体が同意の対象ではないが，正犯の暴行（X による暴行）の違法性が否定されるので，それに連帯して，暴行の幇助の構成要件該当性が否定される。狭義の共犯である教唆・幇助は**正犯への従属性**があり，教唆・幇助の

構成要件要素として〈**正犯行為が構成要件に該当し，かつ，違法であること**〉があると解されている（「制限従属性説」とよばれる）。正犯の責任の有無は無関係であることは，次の事例で確認しよう。

事例 39　Xは13歳のAをそそのかし，AはB店の商品を盗んだ。

この場合，Aの行為には窃盗罪の構成要件該当性と違法性が認められるので，刑事未成年により責任が阻却されてAは不可罰であるものの，Aを教唆して窃盗を実行させたXには，窃盗教唆の構成要件該当性が認められる。**共犯の〈構成要件該当性〉の判断要素として，正犯の〈構成要件該当性と違法性〉がある**というのは，少し混乱しやすいところである。

3. 共犯における違法性阻却の個別性

さて，違法性阻却事由は，次のように共犯間で個別的に作用することもある。

事例 40　Aによる急迫不正の侵害に対して，XとYは共謀して反撃を行い，Aに傷害を負わせた。ただし，Yは，事前にAの侵害を予期し，この機会にAを痛めつけようと考えていた。

違法性阻却でも，**行為者ごとに判断されるべき主観的要素が関係する**ものは，個別的に機能する。事例40では，XとYに傷害罪の構成要件該当性が認められることを前提に，Xには正当防衛が成立するのに対して，Yは侵害の予期および積極的加害意思により急迫性が否定されて，正当防衛不成立となる。結論としては，Yにのみ傷害罪が成立する。

同じ状況が，Xにとっては急迫不正の侵害であるのに対して，

○複数の項目を組み合わせる［XI］

Yとの関係では急迫不正の侵害ではない，というのは違和感があるかもしれない。しかし，〈正 対 不正〉の関係を前提とする正当防衛において，防衛行為者の事前の主観面をも資料にして〈正〉の側にとどまっているといえるかどうかを判断し，〈不正対 不正〉となったときはその者との関係では急迫性を否定するという構成をとる以上，急迫性の有無が個別化するのは，むしろ自然なことである。

事例 41 Aによる急迫不正の侵害に対して，XとYは共謀して反撃を行い，Aに傷害を負わせた。ただし，Yは，もっぱら攻撃の意思で暴行に及んでいた。

違法性阻却事由のうち行為者の主観面が要件となる部分については，すべて同じように個別的な作用が表れる。もっぱら攻撃の意思で行われる行為は，防衛の意思が否定されて防衛行為性が認められなくなるから，正当防衛は不成立である。つまり，XとYには傷害罪の構成要件該当性が認められ，Xは正当防衛で不可罰，Yには傷害罪が成立する，という結論になる。

もっとも，防衛の意思は，事前の意思ではなく反撃の時点での主観面の問題であり，そして，もっぱら攻撃の意思であるとされて防衛の意思が否定される事案は，通常，客観的に激しい態様の反撃がなされるから，Xがそれに気づかないのは例外的な場合に限られるであろう。気づいて止めなければ，Xの防衛の意思も否定されうる。

XII 過失犯の共同正犯

かしつはんのきょうどうせいはん

1巡目 Ⅷ・Ⅸ・ⅩⅣ，2巡目 Ⅷ

1．共同正犯処罰の機能

　共同正犯（60条）には，ⓐ単独正犯としては処罰できない行為を処罰対象にするという**処罰拡張の機能**と，ⓑ単独犯ではなく複数人が共同して実行したという**犯罪の社会的実体を示す機能**とがある。故意犯を題材にして，そのことを確認しよう。

事例 42　XとYはAの殺害を共謀のうえ，Aに向けて同時に拳銃を撃った。Aは即死したが，Xの撃った弾とYの撃った弾のいずれが命中したのかは明らかにならなかった。

事例 43　XとYはAの殺害を共謀し，Xが準備した拳銃を持ってYのみがAの下に行き，Aを射殺した。

　事例42では，XもYも，殺人既遂罪の単独正犯（199条）で処罰することはできない。Xの引き金を引く行為からAの死亡結果が発生したという因果関係は証明できず，また，Yの引き金を引く行為からAの死亡結果が発生したという因果関係も証明できないからである。殺人既遂罪の単独正犯としては，誰も処罰されないということになる。

　しかし，XとYの間で殺人の共謀が成立しており，それに基

づいて実行された X または Y の引き金を引く行為から A の死亡結果が発生したことはたしかであるので，X と Y には殺人既遂罪の共同正犯（199 条・60 条）が成立する。ここでは，単独犯としては処罰されない行為が，共同正犯の規定によって処罰対象に取り込まれている。

そのような処罰拡張機能がはたらくのは，誰も処罰されないことを回避すべき場面だけではない。**事例 43** では，少なくとも直接実行者である Y を殺人既遂罪の単独正犯で処罰することができるから，A の死亡について誰も処罰されないという事態は生じない。それでも，事前に Y との間で殺人の共謀を成立させた背後者 X も殺人罪で処罰するのが妥当だと考えられて，X には殺人罪の共同正犯が成立すると解されている。この場合の X に対する処罰も，共同正犯規定の処罰拡張機能が表れたものである。

事例 43 ではさらに，直接実行者である Y にも，結局は，殺人罪の共同正犯が成立する。それは，X に殺人罪の共同正犯を認める以上，X が共同した相手である Y にも共同正犯を認めるのが自然だからである。ここでは，A の殺害は，X と Y が共同して実行したものであるという犯罪の実体・本質が表現されている。

2. 過失犯の共同正犯

すでにみた故意犯の共同正犯においては，故意の合致としての共謀がその本質を担っていた。そして，共同正犯にとって共謀は必須のものだと考えれば，故意がない過失犯については共同正犯はありえないことになる。しかし，条文上要求されているのは，「2 人以上共同して犯罪を実行した」（60 条）ことである。故意犯では共謀により犯罪実行の共同性が基礎づけられるのに対して，

過失犯では〈**共同義務に共同して違反すること**〉により，犯罪実行の共同性を認めることができる。

事例 44　XおよびYは，通信線路工事の設計施工等を目的とする会社の作業員として，電話ケーブルの接続部を覆っている鉛管をトーチランプの炎により溶解開披して行う断線探索作業等の業務に従事していた者である。両名は，ある日，A電話局局舎付近の地下洞道において，電話ケーブルの断線探索作業に共同して従事し，並列して設置された3本の電話ケーブルのうち1本につき断線を探索した際，ほかの電話ケーブル上に布製防護シートを掛け，通路上に垂らして覆い，点火したトーチランプ各1個を各自が使用し，鉛管を溶解開披する作業中，断線箇所を発見した。しかし，その修理方法等を検討するため，一時，洞道の外に退出するにあたり，2個のトーチランプの炎が確実に消火しているか否かにつき何ら相互の確認をすることなく，トーチランプを防護シートの近接位置に置いたまま，両名ともに同所を立ち去って，とろ火で点火されたままの状態にあった2個のトーチランプのうちいずれか1個のトーチランプから炎を防護シート等に着火させ，さらに電話ケーブルおよびA電話局局舎に延焼させて，職員Bに傷害を負わせた。

　この場合，XとYに課された注意義務は，それぞれ自分のトーチランプを安全に管理する義務にとどまると解すると，XとYの両名には注意義務違反が認められるものの，そのそれぞれの過失行為とBの傷害結果との間の因果関係はいずれも肯定できず（どちらのトーチランプが火災の原因か不明だからである），誰も過失傷害罪で処罰されないことになる。

　そこで，共同義務の共同違反が認められるかを考えてみる。X

とYが行っていたのは，各自ばらばらの作業の寄せ集めではなく，同一の目的に向かって意思連絡をしながら実行される共同の作業である。その共同の作業中に，垂らされた布製防護シートにトーチランプの炎が接して着火して火災が発生する危険があったのであるから，その危険を回避するために，XとYの両名が，作業で使用した2個のトーチランプの両方を指差し呼称するなどして，確実に消火したことを相互に確認し合い，共同して火災の発生を未然に防止すべき注意義務があったということができる。そうであるにもかかわらずこれを怠ったXとYには，共同義務の共同違反が認められる。

　そのように考えると，XとYの共同の過失行為からBの傷害結果が発生したことが認められ，予見可能性もあることを前提とすれば，両名に過失傷害罪（業務上過失致傷罪）の成立を肯定することができる。

　ここでは，上で故意犯を題材にして確認したのと同様に，過失傷害罪の単独犯としては処罰されない行為が拡張的に処罰範囲に取り込まれているとともに，2名が共同して実行した犯罪であることが示されることになる。

　ちなみに，**事例44**で，かりに作業員X・Yの監督者としてZがいたとして，Zにも過失傷害罪を認めることができるか。この場合に問題となるのは，「**監督過失**」とよばれる間接的な過失であるが，これが認められるためには，直接行為者の過失行為が監督者に予見可能でなければならない。通常は，直接行為者は適切に行動することが信頼されるので，予見可能性が肯定できるのは，直接行為者の過失行為の兆候がみられる場合に限られる。

刑法隠語 ⑤

狭義の共犯に関する隠語をみていこう。

一般に従犯者を指すのは「二左衛門」である。

「立ち子」や「うわらべ師」,「はりね」は見張り役のことであり,特に窃盗の見張りは「やんばん」という。「しきてん」は〈屋敷を展望する〉の略であり,「しけばる」も〈敷張る〉のなまりで,ともに見張りである。

見張りがなくても大丈夫な状態は,「ろはてん」という。「ロハ」は"只"の字を分解したもので,一般的に無料であることを指し,「天」は大丈夫であること,万事に都合がよいことをいうから,見張りのような特段の負担なく犯行が容易にできる状態を指すのであろう。

犯罪の教唆者を指すことばは多く,「こみし」や「地曳き」,「久松」,「ひで」などがこれにあたる。これらはすべて同時に別の意味ももっているが,それは何だろうか。答えは**刑法隠語⑥**を参照。

なお,特に窃盗の教唆を指すことばとして「だんご」がある。

* * *

刑法隠語④の答え。「雪屋のうさぎ」は,犯罪の手段方法が拙劣であるために,後日,もしかしたら発覚するかもしれないと憂慮すべき状態をいう。白い雪の中にいる白いうさぎがいまにも見つかりそうな様子を表している。

例外的な処罰を追求する

SR

　犯罪論では，理屈を徹底すると不処罰となるのが原則であるはずなのに，処罰を確保するのが正義にかなうために少々無理をして犯罪の成立を認めることがある。このブロックでは，そのような例外的に処罰が追求される場面をみていく。

XIII　因果性要件の緩和
いんがせいようけんのかんわ

1巡目　II・III・VIII・IX

1．承継的共犯

次のような場合，YにXとの共犯が成立するだろうか。

事例 45　Xは，老齢のAの息子であるように装って，現金が必要になったと電話でAをだまし，A宅に現金を用意させた。その後，XはYに事情をすべて話し，現金の受け取りをYに依頼して，YがAから現金を受領した。

詐欺罪（246条）は，人を欺く行為を行い，錯誤に陥った被害者から財産の交付を受けることによって成立する。単独正犯の場合は，その全体を自ら実現する必要があるから，欺く行為を行わずに，何らかの理由ですでに錯誤に陥っている被害者から財産を受け取るだけでは，詐欺罪にはならない。

これに対して，共同正犯は，実行を分担することでも成立するので，詐欺罪であれば，1人が欺く行為を担当し，もう1人が財産の受け取りを担当する，という形でもよい。ただし，それは通常，詐欺の共謀が成立し，その後，それに基づいて各自の分担行為が実行されるという形による。そこでは，共謀を成立させる行為が，**実行行為の全体に対して因果性**を有している。

○例外的な処罰を追求する [XIII]

　事例 45 では，Y が X と意思連絡をしたのが，X が A に対して欺く行為を実行した後なので，Y は，X による欺く行為に対して因果性を有していないところが問題である。同じ問題は，強盗罪や恐喝罪，強制性交罪，強制わいせつ罪などでも生じる。先行者が被害者に暴行・脅迫を加えた後，はじめて後行者が関与して財物の奪取や性的行為を行ったような場合である。

　後から関与した後行者に共犯を認めるとき，それは，先行者による実行行為を引き継ぐものであることから，「**承継的共犯**」とよばれる。判例・通説は，承継的共犯を肯定している。後行者は，先行者がすでに実行した部分に対しては因果性を有しないので，共犯は否定されるのが原則のはずであるが，事情をわかって関与しながら不処罰になるのは正義に反するともいえるため，最終結果との間に因果性が認められ，それを先行者と共同して実現したといえれば共同正犯を認めてよいと考えられている。承継が認められる範囲については，さらに以下の事例をみてみよう。

事例 46　X は，A を部屋に閉じ込め，外に出ないように監視した。その後，X は Y に連絡して監視役を交代してもらい，A が外に出られない状態は続いた。

　この場合，X だけでなく Y についても，A を閉じ込め続けた全体に対する監禁罪の共同正犯を認めるのが一般的である。Y にはいずれにせよ監禁罪の共同正犯が成立するので，実際に関与したのが一部の時間帯にすぎないことは，量刑で考慮される。

事例 47　X は，A に暴行を加えて傷害を負わせた。その後，Y も参加してさらに強い暴行を加え，さらに重い傷害を負わせた。

　この場合は，Yは，関与前にすでに生じていた傷害結果については，傷害罪の共同正犯は成立しないと解されている。すでに発生し終わった結果を承継することはできないからである。

事例 48　Xは，強盗目的で被害者Aを殺害後，金品を強取する時点でYに事情を説明し，Yの助力を得て金品を奪った。

　Xには強盗殺人罪が認められるが，Yには強盗殺人罪の幇助ではなく，強盗罪の幇助のみを認めるのが一般的な理解である。強盗罪の限度では承継的共犯が認められるが，結果発生によりすでに終わった殺人部分については承継できないからである。

2. 同時傷害の特例

　刑法 207 条には，「**同時傷害の特例**」とよばれる特別の定めがある。傷害罪と傷害致死罪に限り，因果関係が証明されなくても因果関係があるものとして扱うという，かなり例外的な規定である。

事例 49　バーの従業員XとYは，代金を支払わずに店外に出た客Aに対して，頭部を殴る蹴るなどの暴行を加えた。その様子を見ていた同店のなじみ客Zは，いったんは店内に連れ戻されたAが再び逃走を図って従業員Bに取り押さえられた現場に赴き，Aの頭部を蹴るなどの暴行を加えた。Aは急性硬膜下血腫により死亡したが，死因となったその傷害がX・Yの暴行とZの暴行とのいずれから生じたかは明らかにならなかった。

　事例 49 では，X・YとZとの間に当初から暴行の共謀が認められれば，3名による暴行はすべて3名の共同の行為となるから，

○例外的な処罰を追求する［XIII］

そのうちどこから傷害が発生しても，全員が傷害結果と，さらにそこから生じた死亡結果について責任を負う（傷害致死罪の共同正犯が成立する）。

これに対して，共謀が認められなければ，Ｚは自ら実行した暴行と因果関係のある傷害についてのみ責任を負う。Ａの急性硬膜下血腫はそれにあたらないから，当該傷害およびそれが原因で生じたＡの死亡結果について，Ｚは責任を問われないのが原則である（傷害致死罪は成立しない）。

しかし，後者の場合も，共謀は立証できないものの**共犯関係があるのとほとんど同視できるような場合**には，207条が適用されることによって，Ｚにも傷害致死罪の成立が認められる。最高裁によれば，その趣旨と要件は次のとおりである。

「同時傷害の特例を定めた刑法207条は，2人以上が暴行を加えた事案においては，生じた傷害の原因となった暴行を特定することが困難な場合が多いことなどに鑑み，共犯関係が立証されない場合であっても，例外的に共犯の例によることとしている。同条の適用の前提として，検察官は，各暴行が当該傷害を生じさせ得る危険性を有するものであること及び各暴行が外形的には共同実行に等しいと評価できるような状況において行われたこと，すなわち，同一の機会に行われたものであることの証明を要するというべきであり，その証明がされた場合，各行為者は，自己の関与した暴行がその傷害を生じさせていないことを立証しない限り，傷害についての責任を免れないというべきである。」（最決平成28年3月24日刑集70巻3号1頁）

XIV 危険要件の緩和

きけんようけんのかんわ

1巡目 Ⅵ・Ⅶ

1. 未遂犯の拡張——現実的危険から仮定的危険へ

犯罪は通常，予備行為から時間的に発展して既遂に至る構造を有しており，未遂はその一段階を画するものであった。殺人未遂罪が成立する典型的な事例は，次のようなものである。

事例 50 Xは，Aを殺害する目的で(i)拳銃を入手し，(ii)Aの自宅に自動車で乗り付け，(iii)無施錠の窓からA宅に侵入し，(iv)Aの寝室に立ち入って，(v)就寝中のAに拳銃を向け，(vi)引き金を引いたが，弾が外れて，または，弾は当たったが病院に運ばれたAは緊急手術により一命を取り留めて，XはAを死亡させることができなかった。

ここでは，(i)の凶器準備の時点で殺人予備罪（201条）の要件がみたされ，そこから(ii)，(iii)と既遂の危険が高まり，(iv)のあたりで，あるいは遅くとも(v)に至る前に，殺人未遂罪が成立する。この事例ではさらに，(vi)引き金を引くところまで進んでいるから，死亡結果の不発生が弾が外れたことによるのであれ，緊急手術の成功によるのであれ，問題なく殺人未遂罪が認められる。ここでなされているのは，殺人の実行の着手が認められるかという判断

○例外的な処罰を追求する　[XIV]

であり，それは当然に認められる。

では，次のような場合でも結論は変わらないだろうか。

事例 51　Xは，Aを殺害する目的で入手した拳銃を持ってA宅に侵入し，就寝中のAに拳銃を向けて引き金を引いたが，弾を装塡し忘れていたので弾が発射されず，Aの殺害に失敗した。

前に挙げた事例50は，時間的な因果の流れに従って既遂に到達する可能性があった。それを〈現実的危険〉とよぶとすると，事例51にはそのような〈現実的危険〉はない。未遂犯には〈現実的危険〉が必須だとする「純粋な客観的危険説」によると，この事例では殺人未遂罪は認められないことになるが，一般的にはこのような事例にも未遂犯の成立が拡張されている。

ここで殺人未遂罪を認める理屈には，次の2つがある。

1つは，①かりに弾が装塡されていたとすれば既遂に達していたと考えられ，かつ，②弾が装塡されていたことは十分にありえたから，危険が認められる，というものである。このような考え方は「修正された客観的危険説」とよばれる。

もう1つは，今回は既遂に達することはありえなかったが，かりに，将来，同じように殺意をもって拳銃で撃つという行為が繰り返されれば，既遂に達することがありうるから，危険が認められる，というものである。「同じような行為」をどのような基準で判断するかが問題となるが，採用されている一案は，①今回，一般人が認識しえた事情を基礎にすると，②一般人は既遂に達すると感じるから，その種の行為には危険が肯定される，という判断である。このような考え方は，「具体的危険説」とよばれる。

いずれの見解も，今回は〈現実的危険〉が存在しなかったが，

かりに事情が少し異なれば今回既遂に達することもありえた，あるいは，かりに事情が少し異なれば将来の事件では既遂に達することもありうる，ということで，いわば〈仮定的危険〉に基づいて未遂犯を肯定する見解であり，そのような結論を採るのが通説である。そのような〈仮定的危険〉も否定されて未遂犯が認められない場合は，「**不能犯**」とよばれる。

2. 方法の不能と客体の不能

〈仮定的危険〉が問題となる事例には，上でみた**事例 51** のような「**方法の不能**」が問題となる類型とは別に，次のような類型もある。

事例.52 Xは，Aを殺害する目的で入手した拳銃を持ってA宅に侵入し，Aのベッドに拳銃を向けて引き金を引いたが，そこにAが寝ているというのはXの思い込みにすぎず，実際にはAは出かけて不在だったため，Aの殺害に失敗した。

これは，「**客体の不能**」とよばれる類型である。具体的危険説によると，一般人からは，そのベッドに人が寝ているように見えるのであれば，それを前提とすると拳銃で撃つ行為には殺人既遂に達する危険が感じられるから，殺人未遂罪が肯定できることになる。これに対して，修正された客観的危険説からは，Xが訪れるまでAが寝続けていた可能性が十分にあったかどうかが判断され，それが否定される場合は，不能犯となる。

事例.53 Xは，Yが拳銃で撃ったAにとどめを刺して殺害するべく，倒れているAを日本刀で刺したが，その時点でAはすでに死

亡していたことが，鑑定により判明した。

　高裁判例には，このような事案でXに殺人未遂罪を認めたものがある。これは，ⓐ具体的危険説からも，ⓑ修正された客観的危険説からも説明が可能である。すなわち，ⓐまだ生きているように一般人から見える人を日本刀で刺す行為には殺人の危険が感じられるからであり，また，ⓑ人の死期は微妙なものであって，射撃による傷の位置が少し違えば，Xが刺突した時点でAがまだぎりぎり生存していた可能性は十分に認められるからである。

事例 54　Xは，殺人の目的で，人影に向かって拳銃の引き金を引いたが，それは誰でも本物と見間違うほど精巧に作られた蝋人形だった。

　具体的危険説をそのまま適用すると，この事例でも殺人罪を認めることになりうる。それは，殺意をもって行為したらすべて殺人未遂罪にするという考え方に近いが，実務上はそれはいきすぎであるとおそらく考えられている。修正された客観的危険説からは，殺人未遂罪は否定され，その結論が妥当であると思われる。

事例 55　Xは，強盗の目的で，散歩中のAを襲ったが，Aは何も持っていなかったので，Xは何も奪えずに終わった。

　これも客体の不能が問題となる類型であるが，客体となる財産がないだけで，被害者は存在する事例である。その点で，被害者すら不存在の事例54とは構造が異なっており，判例はこのような場合には，強盗未遂罪の成立を肯定している。

XV 主観的要件の緩和
しゅかんてきようけんのかんわ

1巡目 Ⅴ・Ⅻ

1. 抽象的事実の錯誤における故意犯の拡張

　客観と主観にずれが生じる錯誤のうち，客観と主観とが異なる犯罪構成要件にあたる場合を，**抽象的事実の錯誤**という。すなわち，客観的にはA罪の構成要件に該当する事実を実現したが，主観的にはB罪の構成要件に該当する事実を認識していたという場合である。この場合，A罪の故意がないのであるから，故意犯としてのA罪は成立せず，また，客観的にB罪の構成要件該当性は認められないから，A罪もB罪も成立しないのが原則のはずである。しかし，このようなずれは意外に多く発生するため，そのままであると常識に反する不処罰がもたらされかねない。

　そこで，判例においては，

　　ⓐ　主観面の構成要件と客観面の構成要件について，法定刑が同一で，かつ，両者が実質的に重なり合う場合は，客観面の構成要件の故意が認められ，故意犯である同罪が成立すること，そして，

　　ⓑ　主観面の構成要件と客観面の構成要件が，軽い罪の限度で実質的に重なり合う場合は，故意犯である軽い罪が成立すること

○例外的な処罰を追求する [XV]

が，それぞれ認められている。

　判例の展開は特別法に定められた薬物犯罪を中心になされたが，以下では，わかりやすいように，刑法典に載っている犯罪類型を題材にして，具体例をみてみよう。

事例 56　XとYは，Aから金銭をだまし取ることを共謀した。Yが実行しようとしたが，Aに嘘を見破られたので，YはAから金銭を脅し取った。

　Xは，詐欺罪（246条）の共同正犯の故意で，恐喝罪（249条）の共同正犯を実現している。両罪はともに財産犯であり，刑の重さも10年以下の懲役で同じである。この場合，客観にあわせて，恐喝罪の共同正犯が成立する。

事例 57　Xは，Aの自動車を破壊しようとして同車を暴走させたところ，Aの自宅に衝突し，A宅も破壊された。

　Xは，器物損壊罪（261条。上限懲役3年）の故意で，建造物損壊罪（260条。上限懲役5年）を実現している。この場合，客観の方が刑が重いので，軽い主観にあわせて，（自動車の破壊だけでなく，A宅の破壊についても）器物損壊罪のみが成立する。

事例 58　Xは，Aの脇に置いてあったハンドバッグを，Aの物だと思って，隙をみて盗んだが，実はそのバッグは，Bの落とし物だった。

　Xは，窃盗罪（235条。上限懲役10年）の故意で遺失物等横領罪（254条。上限懲役1年）を実現している。この場合，主観の方が重いので，軽い客観にあわせて，遺失物等横領罪が成立する。ただ

し，窃盗の故意で行為して窃盗に失敗しているといえる点で，窃盗未遂罪も成立する。

ところで，抽象的事実の錯誤がある場合に，故意犯を認めるには，主観と客観の両面が実質的に重なり合っている必要がある。その観点から，次のような限界が生じる。

事例 59 Xは，Aがまだ生きていると誤信して，Aの死体を道路脇に遺棄した。

事例 60 Xは，Aがすでに死亡したと誤信して，まだ生きているAを道路脇に遺棄した。

事例59のXは，遺棄罪（217条・218条）の故意で死体遺棄罪（190条）を実現しており，逆に，**事例60**では，死体遺棄罪の故意で遺棄罪が実現されている。遺棄罪の保護法益は人の生命であり，死体遺棄罪の保護法益は死者に対する尊重感情である。したがって，いずれの事例でも客観面の構成要件と主観面の構成要件とで法益が異なるので，構成要件の実質的な重なり合いが認められないため，故意犯の成立は認められず，過失犯処罰規定もないので，不可罰となる。非常識な結論だが，しかたない。

2. 原因において自由な行為

行為の時点で責任能力がなければ犯罪は成立しないのが原則である。しかし，次のような場合はどうだろうか。

事例 61 Xは，Aに傷害を負わせるに先立って多量に飲酒し，複雑酩酊の状態に陥ったうえで，用意していたナイフでAを刺した。

XがAをナイフで刺した時点で責任無能力であれば，傷害罪

○例外的な処罰を追求する［XV］

は成立しない。限定責任能力であれば，傷害罪は成立するものの刑が必要的に減軽される。しかし，自らわかって飲酒しておきながら，犯罪が否定されたり刑が減軽されたりするというのは，常識に反する感じがする。

　そこで，直接の実行行為（**結果行為**ともいう）の時点で責任能力が否定されても（その意味で「自由でない」），飲酒行為（**原因行為**ともいう）の時点で責任能力があれば（「自由である」），犯罪の成立が認められうるとされている。原因行為の時点で自由なので，「**原因において自由な行為**」とよばれる。もっとも，これをどのような理論構成にするかについては，争いがある。

　〈**構成要件モデル**〉は，行為と責任の同時存在の原則を維持し，実行行為を原因行為にまで遡らせる。責任無能力状態の自分を道具として使う間接正犯のように構成することになる。この場合，客観面では，原因行為から自己の行為を介して結果に至る因果関係が肯定できなければならず，主観面では，原因行為から最終的に結果が発生すること，および，結果行為を介することの2点について故意が必要となる。

　これに対して，〈**責任モデル**〉は，結果行為が実行行為であると解しながら，実行行為についての責任を原因行為にまで遡って問う。すなわち，行為と責任の同時存在の原則に例外を認めることになる。この立場からも，故意犯を認めるためにはいつ故意が必要かが問題となるが，判例は，原因行為時の故意・犯罪意思が継続して結果に実現した場合に，完全な故意犯の成立を認めている。

刑法隠語⑥

刑罰や身柄拘束に関する隠語をみていこう。

「別荘」といえば，刑務所である。繰り返し訪れることを前提にしている響きがあるので，職業的な犯罪者による用語であろう。

受刑のために刑務所に行くことを「年貢を納める」というのは一般的な用法であるが，「お手当になる」あるいは「幕に行く」ともいう。幕は視界を遮るものを指すから，〈塀の中に行く〉ということである。

刑務所からの出所後に被害者等の関係者に報復することを「お礼参り」というのは，それなりに知られているだろうか。

「別荘」は，刑務所だけでなく，警察の留置場も指すことがある。刑務所と留置場はともに病院にもたとえられ，刑務所に入ることだけでなく，逮捕・勾留されることも「病院行き」という。ここでは，刑罰も捜査としての取調べも，ともに病人の「手当て」にたとえられている。

面白いのは，「太閤記」である。これも逮捕後の勾留を指す隠語であるが，その理由については**刑法隠語⑦**を参照。

* * *

刑法隠語⑤の答え。犯罪の教唆者だけでなく，犯罪の目的場所への案内人の意味もある。犯罪への主観面における導きである教唆と，客観面における導きである場所的案内とが，ともに同じ用語で表されるところが，興味深い。

犯罪成立前後のはなし

SZ

　犯罪が成立しても，刑の減軽免除や，複数の犯罪が成立する場合の刑罰の調整手続が残っている。さらに，刑法の目的や刑罰の正当化も重要である。このブロックでは，そのような犯罪成立後のはなしや，犯罪成立要件を検討する以前のはなしをみていく。

XVI 犯罪成立後の刑の減免事由
はんざいせいりつごのけいのげんめんじゆう

1巡目 Ⅵ・Ⅶ

1. 中止減免の概要

未遂成立後,「自己の意思により犯罪を中止した」ときは,刑が必要的に減免される(43条ただし書)。次の事例を比較しよう。

事例 62 Xは,コンビニのカウンター越しに店員Aを包丁で脅して現金を要求し,Aから現金を奪って店を出た。

事例 63 Xは,コンビニのカウンター越しに店員Aを包丁で脅して現金を要求したが,Aに隙を突かれて包丁を奪われたので,何もとれずに店を出た。

事例 64 Xは,コンビニのカウンター越しに店員Aを包丁で脅して現金を要求したが,Aに諭され,反省して,何もとらずに店を出た。

Xに成立する犯罪は,**事例62**では強盗既遂,**事例63**および**事例64**では強盗未遂である。強盗未遂はさらに,**事例63**の通常の強盗未遂(**障害未遂**)と,**事例64**の強盗の中止犯(**中止未遂**)に分けられる。**事例64**のように強盗を中止しても,一度成立した強盗未遂がなかったことにはならない。

処断刑の幅は,**事例63**では,懲役2年6月～20年である(法

○犯罪成立前後のはなし［XVI］

定刑〔懲役5年～20年〕からの**裁量的減軽**）のに対して，**事例64**では，懲役2年6月～10年または免除となり（法定刑〔懲役5年～20年〕からの**必要的減免**），刑が減軽されない可能性がない点で通常の未遂よりも刑の上限が低くなるとともに，免除がありうる点で刑の下限も通常の未遂より低くなる（刑の免除というのは，有罪であるが刑が科されないという特殊な場合である。刑の執行猶予とも異なる。刑の免除が妥当である事案は，通常はそもそも起訴されない）。

中止犯は，通常の犯罪を裏返したものである。通常の犯罪の場合は，法益保護を目的とした予防のために処罰規定を設け，個々の犯罪行為について結果を発生させたことに対する応報として刑罰を科す。同様に，中止犯の規定の政策的根拠は，法益保護のための予防にあり（**中止を奨励**して法益保護の最後の機会を追求する），個別具体的な行為についての中止減免の根拠は，意識的に危険を消滅させたことに対する報奨である（**プラスの応報**）。

「中止」とは途中で止めることであるから，中止犯は継続中の未遂犯であることを前提にする。①未遂の成立前の予備の段階で犯行計画を実行に移すのを止めたり，②既遂後に被害の拡大を防止しても，中止犯にはならない。また，③未遂犯が成立しても，既遂の危険が消滅した後（失敗未遂）には，やはり中止犯の余地はない。ただし，**自首**すれば裁量的減軽の対象となる（42条）。

継続中の未遂犯を前提にして，中止犯の要件は，「犯罪を中止した」という中止行為の要件と，「自己の意思により」という任意性の要件に分けられる。

中止行為の要件は通常の犯罪の裏返しであり，次のように客観的要素と主観的要素からなる。〈実行行為により危険を創出し，その危険が結果に実現する〉という犯罪の客観面を裏返すと，**中**

止行為の客観面は，〈存在する既遂の危険を中止実行行為により減少させ，その危険減少が危険消滅結果に実現する〉という構造になる。また，犯罪の主観面である故意に対応させると，中止行為者の主観面には，中止行為の客観面の全体が反映していなければならない。つまり，**中止故意**として，〈既遂の危険が存在することの認識〉と，〈中止実行行為から危険消滅結果が生じることの予見〉が必要である。中止故意が条文上「犯罪を中止した」の中に位置づけられるのは，殺人罪で故意があるときにのみ「人を殺した」と言うのと同じである。

2. 中止行為

中止行為には2つの態様がある。それは，中止行為によって減少・消滅させる必要がある既遂の危険の内容に対応している。

まず，既遂の危険が，行為者がさらに実行行為を行う意思を有していることのみに基づいて認められる場合（実行に着手しただけで実行行為がすべて完了してはいない段階であることから，**着手未遂**または**未終了未遂**という）には，犯行継続の意思を放棄してその後の実行行為を行わないという**「不作為態様」の中止行為**で十分である。前出の**事例64**はこれにあたる。

これとは別に，次のような態様の中止行為もある。

事例 65　Xは，Aを殺害するためにA宅に時限爆弾を設置したが，逃走中に急に怖くなったので，再びA宅に戻って時限爆弾を撤去した。

事例 66　Xは，放火の故意をもってA宅に火を放ったが，火を見て急に怖くなったので，傍らにあった消火器で消し止めた。

○犯罪成立前後のはなし［XVI］

事例 67　Xは，老齢のAに対してAの子を装って電話し，多額の現金が必要になったので至急送金してほしいとだまして，あとは振込を待つだけとなったが，急にAがかわいそうになったので，事情が変わり送金の必要はなくなったとAに伝えた。

　もはや行為者が何ら積極的な実行行為を行わなくても，行為者の行為以外の事情（物理的な因果の流れや他人の行為）のみで既遂に達する危険が認められる場合（既遂に必要な実行行為がすべて完了していることから，**実行未遂**または**終了未遂**という）には，既遂に向かっている因果の流れを積極的にさえぎることで既遂に達するのを防止する「**作為態様**」**の中止行為**が求められる。それがない場合は，中止行為の要件がみたされない。

　作為態様の中止行為が求められる実行未遂の事案で，中止行為要件の客観面をみたすためには，作為態様の行為によって危険が消滅することに加えて，行為者自身に「**真摯な努力**」が必要だとされる場合がある。それが求められるのは，危険を消滅させるのに他人の助力を得た場合である。これは，他人の助力を得て中止した場合を中止犯の「共犯」に見立てたとき，実行正犯である他人に対する「幇助」や「教唆」では不十分であり，「共同正犯」といえるだけの重要な関与が求められていると位置づけるとわかりやすい。つまり，中止行為は単独ではなく共同のものでもよいが，中止の「正犯」といえるだけの重要な関与があってはじめて「犯罪を中止した」に該当するのである。

事例 68　Xは，A宅を全焼させる目的で母屋の脇の物置に放火したが，炎を見て怖くなったので，隣の住民Bに「A宅に放火したので，あとはよろしく頼む」と告げて逃走した。それを聞いたB

の消火活動により間もなく火は消し止められ，物置が燃えるだけで終わった。

事例 69　Xは，殺意をもってAの腹部をナイフで刺したが，出血するAを見て大変なことをしたと思い，Aを救命すべく119番通報した。Xは，救急車が来るまでの間に凶器のナイフを隠し，到着した救急隊員にも「通りかかったら血を流して倒れていた」と虚偽の説明をした。Aは，病院で緊急手術を受けて助かった。

事例 68 では，現住建造物放火の既遂（母屋が独立燃焼した時点で認められる）の危険を直接に消滅させたのはBである。そして，Xによる関与は教唆の程度にとどまる。XはBによる消火のきっかけを提供しただけで，具体的な消火方法の決定や消火活動に参加しておらず，また，BがXとの相互的な強い心理的つながりの下で消火を実行したともいえないからである。

同様に，事例 69 でも，Xは救急措置のきっかけを提供しただけである。しかし，救急や消防への通報は作為態様の中止行為として十分であろう。公的な救急・消防は，通報者を含む社会全体で共同して救命・消火活動を担うシステムだからである。

なお，「真摯な努力」という用語は，責任非難の問題だと誤解させ，事例 69 のXによる証拠隠滅などのように，法的に非難されるべき行為がある場合は中止減免を否定すべきだという結論になりかねないが，そのように考えるのは適切でない。

3．中止行為の任意性

任意性を判断する際には，まず，〈中止の動機となった外部的事情が一般に犯行継続の障害になるものかどうか〉を検討する。

○犯罪成立前後のはなし [XVI]

事例 70　Xは，殺意をもってAに拳銃を向けたが，パトカーのサイレンが聞こえてきたので，発砲音で警察に見つかり逮捕されるのが怖くなってやめた。

事例 71　Xは，殺意をもってAに拳銃を向けたが，被害者から必死の命乞いを受けているうちに，面倒になってやめた。

　警察官の存在は一般に，逮捕・処罰の恐怖を介して，犯行継続の心理的障害になると解されている（理由なく急に我にかえって，犯行を継続することが怖くなった場合とは異なる）。これに対して，被害者が命乞いなど犯行中止を懇願することは，通常，犯行継続の障害にはならない。

　一般に犯行継続の障害となる外部的事情を動機として中止した場合であっても，「**広義の悔悟**（悔悟，慚愧，恐懼，同情，憐憫，その他これらに類する感情）」がその動機を十分に弱めているといえるときは，任意性を肯定してよい。そこでは，いずれが主たる動機といえるかが1つの判断基準となる。

事例 72　Xは，金庫の中身を盗もうとしたが，大嫌いな虫が取っ手についていたので，これでは盗めないと思って立ち去った。

　虫の存在は，一般には犯行継続の障害とはならないが，当該行為者にとって心理的障害になるのであれば，任意性を否定してよい。つまり，「一般に」というのは通常の事案で処理するための規範であって，例外的な個別事情がある場合は，当該行為者を基準にして任意性を判断すべきである（当該行為者が「できるのにやめたのか，できないからやめたのか」というフランクの公式が妥当する）。

XVII 罪　数
ざいすう

1. 罪数とは

　海外の犯罪で,「被告人に禁錮300年が言い渡された」といったニュースを聞いたことがあるかもしれない。このような超長期の刑罰は,わが国では言い渡されない。爆弾で10人を殺害した場合に,1人の殺人あたり禁錮30年で,被害者が10人だから合計で300年,というように刑罰を単純に加算する制度をとっていれば,超長期の自由刑がありうることになるが,わが国では,複数の犯罪であっても原則として刑罰は圧縮して1つにまとめる制度がとられているのである。刑罰を1つにまとめる際のまとめ方・圧縮の仕方を扱うのが,「**罪数論**」とよばれる分野である。

2. 4種の罪数関係

　次に掲げる4つの事例ではいずれにおいても,Xの行為について傷害罪と傷害致死罪の両方の要件がみたされるが,事例ごとに両罪の関係が異なっており,刑罰の導き方も違ったものとなる。

事例 73　Xは,Aの腕をナイフで刺した（傷害罪）。翌日,Xは,Bの大腿部をナイフで刺し,Bは出血多量で死亡した（傷害致死罪）。

○犯罪成立前後のはなし［XVII］

Xには，Aに対する傷害罪と，Bに対する傷害致死罪が成立する。この場合の両罪の関係は「**併合罪**」とよばれる。そして刑法47条に従い，Bに対する傷害致死罪の法定刑（3年以上20年以下の懲役）を基準にして，その上限を1.5倍にした処断刑（3年以上30年以下の懲役）の範囲内で，Aに対する傷害罪とBに対する傷害致死罪をあわせた全体に対する1個の宣告刑が，裁判所によって定められる。

Aに対する傷害罪とBに対する傷害致死罪のそれぞれについて別個に刑罰を求めたうえで加算するという方法をとらない理由の説明は難しいが，さしあたりは，2つの犯罪であっても，同一の行為者の1個の悪さが現れたものにすぎないからだと理解しておこう。

事例 74　Xは，立ち話をしていたAとBに向かって椅子を一脚投げつけた。転倒したAは腕を骨折し（傷害罪），同じく転倒したBは頭を打って脳出血で死亡した（傷害致死罪）。

この場合も，XにはAに対する傷害罪とBに対する傷害致死罪が成立する。しかし，**事例73**とは異なり，Xは1個の行為しか行っていない。この場合の傷害罪と傷害致死罪の関係は，「**科刑上一罪**（そのうち特に観念的競合）」とよばれる。そして，54条に従って処理され，Bに対する傷害致死罪の法定刑（3年以上20年以下の懲役）がそのまま処断刑となり，その範囲内で，Aに対する傷害罪とBに対する傷害致死罪をあわせた全体に対する1個の宣告刑が，裁判所によって定められる。

併合罪よりも処断刑の上限が軽くなるのは，行為が1個であり，犯罪の意思決定を1回しか行っていないからである。

事例 75　Xは，Aの腕をナイフで切りつけた（傷害罪）。Xは，立て続けに，Aの大腿部をナイフで刺し，Aは出血多量で死亡した（傷害致死罪）。

　この場合も，XにはAに対する傷害罪とAに対する傷害致死罪が成立するが，両罪の関係は「**包括一罪**」とよばれ，処罰する際に適用される条文（罰条）は傷害致死罪の205条のみとなって，205条を1回適用することにより，大腿部の刺突についての傷害致死罪だけではなく，腕についての傷害罪も包括的に処罰される。刑罰の範囲は，罰条が205条だけなのであるから当然，傷害致死罪の法定刑の範囲（3年以上20年以下の懲役）となる。

　併合罪や科刑上一罪では，罰条適用が複数回だったのに対して，包括一罪では，1回の罰条適用で全体が包括的に処罰される。これは，犯罪の意思決定が実質的に1回であることに加えて，被害者も1人だからである。

事例 76　Xは，Aの頭部を殴打して脳出血の傷害を負わせた（傷害罪）。その後，Aは，その脳出血によって死亡した（傷害致死罪）。

　この場合，XがAの頭部を殴打した行為は，Aに脳出血を負わせたところまでをみれば傷害罪の要件をみたすし，Aを死亡させたところまでをみれば傷害致死罪の要件もみたすといえる。しかし，傷害致死罪は，犯罪の要素として，その中に論理的に傷害罪を含むものであるから，傷害致死罪の成立と傷害罪の成立を両方とも認めてしまうと，傷害罪の部分について二重に犯罪の成立を認めることになってしまう。それは妥当でないので，傷害致死罪のみが成立して傷害罪は成立しないものとして扱われ，ここにおける傷害罪と傷害致死罪の関係は「**法条競合**」とよばれる。

○犯罪成立前後のはなし［XVII］

　この場合，Aに対する傷害罪は，成立要件はみたされるが，犯罪として成立すると言ってはいけない，という微妙な状態となる。注意が必要なのは，傷害罪が成立すると言ってはいけないのは，傷害致死罪が成立すると言うからであって，傷害致死罪の成立をあきらめる場合には，傷害罪が成立することを認めてよいことになるという点である。検察官は，たとえば死亡結果との因果関係の証明が難しいと考えれば傷害罪で起訴することができ，その場合，被告人は，自ら因果関係の証明をして傷害致死罪が成立するから傷害罪は不成立であるなどと主張することはできない。また，傷害致死罪で起訴された場合，裁判所は，死亡結果との因果関係の証明がないと考えれば，傷害罪の成立を認めることができる。

　つまり，傷害罪と傷害致死罪のどちらか一方の成立しか認められない関係が法条競合であり，通常は重い方の犯罪の成立を認めるので，軽い方の犯罪は成立しないものとして扱われるというだけである。

3. その他の罪数関係

　以上でみた併合罪，科刑上一罪，包括一罪，法条競合という4種の罪数関係は，この順に，より複数の犯罪に近いものから1個の犯罪に近いものへと並んでいる。そして，その両端のさらに外側に，「単純数罪」と「単純一罪」とよばれるものがある。また，科刑上一罪の中にもう1つ，「牽連犯」という類型があり，さらに，包括一罪にも種々の下位類型がある。それらは刑法各論の中に豊富な具体例があるので，そこで学習するのが合理的である（一説によると，刑法各論の2〜3割は罪数論である）。

171

XVIII 刑法の基本原則
けいほうのきほんげんそく

1. 刑法の3原則

　刑法は，①その目的および②手段としての性質ならびに③憲法上の要請に基づく3つの基本原則に支えられている。

　第1は，〈刑法の目的は法益（法的な保護に値する利益）を保護することにある〉という**法益保護主義**である。その目的のためには，法益を侵害する行為または法益を危険にさらす行為についてのみ犯罪の成立を認めて刑罰を科すことにするのが合理的である（なお，それ自体としては法益を侵害・危殆化しない行為であっても，そのような行為が放任されて社会に蔓延すると，将来，法益が害されるおそれがあるのであれば，早めに一律に処罰しておくことにも合理性があるとする考え方も有力である）。

　保護対象である法益には，個人的法益（特定の個人に属する利益である生命・身体・自由・名誉・財産など），国家的法益（日本国に属する利益である国家の存立・国交の利益・公務の作用など），そして，社会的法益（特定の個人にも国家にも属しない公共の安全・取引の安全・風俗的秩序など）がある。犯罪類型ごとに何が法益であるかを確定することが重要であるが，それは刑法各論の問題である。

　第2は，〈責任の認められる行為のみが犯罪となり刑罰の対象

になる〉という**責任主義**である。これは，刑罰の手段としての本質を非難に求め，非難可能性を犯罪の成立要件とするところに表れている。責任阻却事由の項目で扱ったとおりである。

2. 罪刑法定主義

第3は，〈法律により事前に定められた行為についてのみ犯罪の成立を認めることができる〉という**罪刑法定主義**である。これは憲法上の要請である。関係する憲法の条文としては，まず，31条が「何人も，法律の定める手続によらなければ，その生命若しくは自由を奪われ，又はその他の刑罰を科せられない。」と規定している。次いで39条が「何人も，実行の時に適法であった行為……については，刑事上の責任を問はれない。」としている。さらに，73条6号ただし書は「政令には，特にその法律の委任がある場合を除いては，罰則を設けることができない。」とする。

罪刑法定主義には，以下にみるようなさまざまな派生原理・派生原則がある。まず，**民主主義**的側面として，(i)法律主義，(ii)判例法・慣習法による処罰の禁止，(iii)類推解釈の禁止が挙げられる。次いで，**自由主義**的側面としては，(i)遡及処罰の禁止，(ii)事後法による刑の加重の禁止，そして再び(iii)類推解釈の禁止がある。さらに，刑罰法規の適正も要請され，具体的には，(i)明確性の原則，(ii)無害な行為についての罰則の禁止，(iii)過度に広範な処罰規定の禁止，(iv)罪刑の均衡の要請が指摘される。

3. 類推解釈の禁止

刑法においては（民法などとは異なり），拡張解釈は許されるが，類推解釈は許されない。これはどういう意味だろうか。

事例 77　Xは，Aの養魚池の水門板・格子戸を取り外して，Aが所有する鯉2800匹あまりを川に流出させた。

　問題となるのは，動物傷害罪（261条後段）である。刑法261条は「……他人の物を損壊し，又は傷害した者は，3年以下の懲役又は30万円以下の罰金若しくは科料に処する。」と規定している。客体が一般的な「物」の場合は器物損壊罪（同条前段）であるが，「動物」の場合は「損壊した」という表現がそぐわないので，「傷害した」という用語が使われ，特に「動物傷害罪」とよばれて，狭義の器物損壊罪とは区別されている。典型的には，他人のペットを凶器で傷つけるような行為がこれにあたる。

　さて，刑法では，拡張解釈は認められるが類推解釈は禁止されているとされる。**類推解釈**は，この事例でいえば，鯉の「流出・解放」は本来は処罰対象ではないが，鯉の「傷害」と〈実質的同等〉であるから処罰するとするものである。これが許されないのは，国会により立法された当初の処罰対象には含まれないということを認めつつ，裁判所が事後的に解釈により処罰対象に含める論理だからである。裁判所による立法である点で**法律主義**に反し，処罰が行為後に定められる点で**事後法の禁止**に反する。法律主義は国民の代表が処罰対象を定めるべきとするものであり，事後法の禁止は不意打ち的な処罰を回避する趣旨であり，いずれも罪刑法定主義の要請である。

　これに対して，「傷害」の概念を拡張的に画定したうえで，その中には初めから「流出・解放」が含まれているとするのが，許容される**拡張解釈**の論理である。これが許されるのは，国会による立法の時点から処罰対象であったことを，裁判所が解釈によって発見・確認するという論理だからである。

○犯罪成立前後のはなし［XVIII］

　許される拡張解釈の域にとどまるためには，(i)言葉の意味としてありうる範囲内でその用語を拡張的に定義づけたうえで，(ii)具体的な事件がそれに該当するという論法をとることが重要である。(i)との関係では，その言葉の意味としてありえない解釈では立法時から処罰対象だったということはできないうえ，国民もそれが処罰対象になることを事前に予測できず，罪刑法定主義に反する類推解釈となってしまうからである。また，(ii)との関係でいえば，本来的な処罰対象を基準にして，それに近いから処罰するという論法では，本来は処罰対象でないが実質的に同等であるから処罰するという類推解釈の論理に近づいてしまうのに対し，用語の定義づけを行ったうえでそれに含まれるという論理を用いれば，そのような類推解釈への不適切な接近が回避できるからである。

　事例77ではどうであろう。「傷害」を初めから「流出・解放」を含むように定義づけるのは無理であるように感じる。しかし，判例（大判明治44年2月27日刑録17輯197頁）は動物傷害罪の成立を認め，学説も，判例実務が完全にそのような解釈で固まってしまっているために，いまさら憲法違反だといってもしょうがないというあきらめを持っているように思われる。この判例は明治時代のものであるから，罪刑法定主義が厳格化された日本国憲法の制定によって判例としての価値が失われたと解する余地はありえなくはないが，一般的にはそのようには考えられていない。

　なお，類推解釈は，解釈の手法の問題であるので，拡張解釈によって処罰を基礎づけうる事案であっても，類推解釈の手法を用いると，不当だということになる。また，刑の減軽・免除や犯罪の不成立を導くための類推は，被告人の不利にならないので認められると考えるのが一般的である。

XIX 刑法の基礎理論
けいほうのきそりろん

1. 刑罰の正当化根拠

刑罰はなぜ正当化されるのか。

「**応報刑論**」は，犯罪者に対してその責任に応じた刑罰を科すという応報が正義にかなっており，その正義の観点から刑罰は正当化されるとする。これには，(1)責任主義や罪刑の均衡を基礎づけられるという長所があるが，(2)必罰主義に陥る，(3)国家の任務は，国民の利益を守り社会の福祉を増進させることにあって，正義の実現は国家の任務ではない，といった問題がある。

「**目的刑論**」は，(一般に，または，当該犯罪者について)犯罪を予防することによる社会全体の利益によって，刑罰は正当化されるとする。これには，(1)刑罰を合理的・科学的に論じられるという長所があるが，(2)特別予防論（当該犯罪者についての犯罪予防を図る）には，軽微な犯罪でも改善に必要なら重い刑罰が正当化されてしまい，逆に，重大な犯罪でも再犯可能性がなければ刑罰を科せないことになるという問題があり，(3)一般予防論（社会における一般的な犯罪予防を図る）には，一般予防のために必要であれば責任を超える刑罰が正当化されてしまい，また，国民多数の利益のために犯罪者個人の生命や自由等を犠牲にすることは憲法上認

○犯罪成立前後のはなし［XIX］

められないのではないかという問題がある。

　そこで有力な見解は，国家の制度としての刑罰制度の正当化（マクロレベルの正当化）は一般予防論により，また，特定個人の処罰の正当化（ミクロレベルの正当化）は応報刑論によることで，両論の問題点を回避しつつ両論を統合している。

2．手段としての刑罰の性質

　刑法が犯罪予防の目的を実現するために用いる手段は，**非難**という性質をもつ刑罰である。これは，共同体の構成員が，自分達があなたの立場だったらそのような行為はしなかった，という意味をこめて行為者に対して否定的評価を下すものである。それゆえ，刑罰には，ほかの法的制裁とは異なり，生命や自由や財産を奪うという即物的な害悪に加えて，〈共同体に居づらくさせる〉という害悪の要素もそなわっている。

　刑罰には，死刑や懲役・禁錮という重いものだけでなく，罰金・拘留・科料といった利益剥奪としては軽いものも含まれているが（9条），いずれも共同体からの排除というベクトルがあることにより，質的に最も厳しい制裁であるとされる。そのため，できるだけ，他の制裁で十分でないときに限って出動させるべきであるという，**刑法の補充性・謙抑性**が求められる。

　なお，社会からの排除という要素があるために，刑罰は一般的に犯罪予防の効果を強くもちうるが，特定の犯罪者に対して現に刑罰が科されると，刑罰の執行が終わった後も社会からの排除の効果が事実上強く及んでしまいかねず，それはその人の社会復帰を妨げ，再犯の可能性を高めてしまい，刑罰の目的に照らして逆効果となりうる点には，注意が必要である。抽象的な犯罪者は排

除しつつ、具体的な犯罪者は排除しないという洗練された態度が、本来、市民には求められるのである。

3. 刑法の目的・任務

刑法の目的は犯罪の予防であるが、それによって最終的に目指すのは**法益を保護すること**だというのが通説である。しかし、判例では、**道徳の保護**が前面に出ることがあり、学説から批判されている。

> 事例 78　A新聞社東京本社編集局政治部に勤務し、外務省担当記者であるXは、外務事務官B女とホテルCで肉体関係をもった直後、「取材に困っている。助けると思ってD審議官のところに来る書類を見せてくれ。君や外務省には絶対に迷惑をかけない。特に沖縄関係の秘密文書を頼む」という趣旨の依頼をして懇願し、一応Bの受諾を得たうえ、さらに、別日、Bに対し「5月28日愛知外務大臣とマイヤー大使とが請求権問題で会談するので、その関係書類を持ち出してもらいたい」旨申し向けた。

Xの行為は、国家公務員法の秘密漏示そそのかし罪（同法111条・109条12号・100条1項）の構成要件に該当するが、正当な取材活動として正当業務行為（刑法35条）により違法性が阻却されないかが問題となる。

「報道機関の国政に関する取材行為は、国家秘密の探知という点で公務員の守秘義務と対立拮抗するものであり、時としては誘導・唆誘的性質を伴うものであるから、報道機関が取材の目的で公務員に対し秘密を漏示するようにそそのかしたからといって、そのことだ

けで，直ちに当該行為の違法性が推定されるものと解するのは相当ではなく，報道機関が公務員に対し根気強く執拗に説得ないし要請を続けることは，それが真に報道の目的からでたものであり，その手段・方法が法秩序全体の精神に照らし相当なものとして社会観念上是認されるものである限りは，実質的に違法性を欠き正当な業務行為というべきである。しかしながら，報道機関といえども，取材に関し他人の権利・自由を不当に侵害することのできる特権を有するものでないことはいうまでもなく，取材の手段・方法が贈賄，脅迫，強要等の一般の刑罰法令に触れる行為を伴う場合は勿論，その手段・方法が一般の刑罰法令に触れないものであっても，取材対象者の個人としての人格の尊厳を著しく蹂躙する等法秩序全体の精神に照らし社会観念上是認することのできない態様のものである場合にも，正当な取材活動の範囲を逸脱し違法性を帯びるものといわなければならない。」

　「Xは，当初から秘密文書を入手するための手段として利用する意図でBと肉体関係を持ち，Bが右関係のためXの依頼を拒み難い心理状態に陥ったことに乗じて秘密文書を持ち出させたが，Bを利用する必要がなくなるや，Bとの右関係を消滅させてその後はBを顧みなくなったものであって，取材対象者であるBの個人としての人格の尊厳を著しく蹂躙したものといわざるをえず，このようなXの取材行為は，その手段・方法において法秩序全体の精神に照らし社会観念上，到底是認することのできない不相当なものであるから，正当な取材活動の範囲を逸脱しているものというべきである。」（最決昭和53年5月31日刑集32巻3号457頁）

　ここでは，〈Ⓐ国家の秘密保持の利益〉と〈Ⓑ国民の知る権利〉が対抗する。通常の取材活動の場合は〈Ⓑ〉が優越して違法性が阻却される。これに対して，道徳的に非難されるべき取材方法の

場合は違法性が認められると考えると，〈Ⓐ〉が優越することになるが，〈Ⓑ〉が軽くなるわけではないから，〈Ⓐ〉に実質的には〈道徳保護の利益〉も加算されてしまっていることになる。

　刑法が道徳の保護を目的とすべきでない理由は，何が道徳的に正しいかを個人に優越して国家が判断するのは憲法的価値に反すること，多様な価値観があるなかで特定の道徳のみを強制するのは妥当でないこと，そして，個人の内心の問題であるべき道徳を法的に強制するのは妥当でないことなどに求められている。

4. 失敗し続ける刑法？

　したがって，刑法の任務は**法益の保護**に尽きると考えるべきであり，たとえば，殺人罪であれば，その処罰規定が保護するのは人の生命だけである。しかし，殺人罪の条文は，「人を殺した者は，死刑又は無期若しくは5年以上の懲役に処する」（199条）となっており，人の生命の保護を目指しているはずの規定において人が殺されることが前提とされていて，そこに刑法の最大のいかがわしさがある。

　これに対する一般的な答えは，法益が侵害されたときにそれを犯罪として処罰することを法律で明示することによって，そして明示した以上，現に処罰して，将来，同じような犯罪が犯されないように予防を図り，そのようにして法益の保護を目指すのだから，いかがわしくも何ともない，というものである。しかし，われわれは，残念ながら犯罪は決してゼロにはならないと感じている。そうすると，刑法は，見果てぬ夢のために在り続けているのだろうか。

　犯罪の発生は刑法の失敗であり，刑法は日々失敗し続けている

と考えなければならないのか。しかも，刑法は自らの失敗を内容とする規定を並べているのか。つまり，刑法の条文は，「私が，法益の保護に失敗したときは，私を失敗させた者を処罰する」という内容なのだろうか。

そこで，刑法の目的は，〈犯罪の予防による法益の保護〉ではなく，〈実行しても処罰されないからという理由で法益侵害行為が実行されることを防止し，処罰されないことを理由にして実行される侵害行為から法益を保護すること〉であると考えれば，処罰を条文で明示しているにもかかわらず犯される犯罪は，刑法が失敗した結果ではないことになり，刑法は基本的に失敗しないという理屈になる。そのように考える場合，刑法の目的との関係で重要なのは，結果として法益が害されるかどうかではなく，刑法が法益を侵害する行為の誘因——上で前提にしたのは，処罰規定がないこと——を消せているかどうかである。

その点で問題となりうるのは，たとえば，自殺できないので死刑に処せられたくて無差別殺人を犯すとか，あるいは，家も職もないので刑務所に入りたくて窃盗を犯すといった，刑罰が害悪として機能しない場合や，かつて交通犯罪で議論されたいわゆる逃げ得の問題——飲酒運転で交通事故を起こしたとき，被害者の救護をするよりも，しないで逃げた方が刑が軽くなりうるという問題——である。どのような解決策がありうるかを考えながら，刑法各論の学習に進んでいこう。

刑法隠語 ⑦

刑法隠語⑥の答え。勾留の隠語として「太閤記」が用いられるとき，そこで指示されているのは，秀吉の〈中国大返し〉の史実だと考えられる。

〈中国大返し〉は，備中高松城攻めにあたっていた羽柴秀吉が，本能寺の変により主君織田信長が自害したとの報せを受け，急遽，仇敵である明智光秀を討つために 10 日間で上洛したという大行軍のことをいう。

一方，被疑者の勾留は，逮捕に引き続き行われる身柄拘束である。罪を犯したことが疑われ，かつ，証拠隠滅や逃亡のおそれがあるために，捜査をするうえで身柄の拘束が必要である場合に，検察官の請求に基づき裁判官が令状を発付して行われる。勾留期間は 10 日間である。

つまり，秀吉も被疑者も〈10 日で帰る〉のである（ただし，被疑者は帰れないこともあり，それについては刑事訴訟法で学ぶ）。

勾留は捜査のための身柄拘束であるのに対して，有罪判決に基づく刑罰としての拘留もあり，これは 1 日以上 30 日未満という短期の自由刑である（刑法 16 条）。拘留 10 日に処せられた場合も「太閤記」とよばれることになろう。ここまで参考にしてきた『新修　隠語大辞典』には，むしろこちらの拘留が記載されているが，拘留と勾留は混同されやすいので，注意が必要である。

あとがき

　本書は，私が法学部で担当している刑法総論の講義用に作成したレジュメを元にしたものである。当初は，電車通学中の数駅間で各ブロックが読みきれるということから，仮題が『電車で刑法』だった。しかし，非電化区間の気動車（ディーゼルカー）による通学もありうるといった問題もあり（なお，刑法における「電車」と「汽車」の区別については，拙著『鉄道と刑法のはなし』〔2013年，NHK出版〕64～71頁参照），紆余曲折を経て，『どこでも刑法　#総論』に決まった。本書の基本コンセプトは，有斐閣法律編集局書籍編集部（企画時。現在は六法編集部）の小林久恵さんによるもので，企画書には，「電車でも，講義の間の休み時間でも，待ち合わせ場所でも，もちろん自宅でも，10分あればどこでも読める」と記載されている。

　本書の最大の特長は，1冊で刑法総論の学習を2巡させるところにある。私の講義でも，春学期に刑法総論の全体について骨格部分を1巡させ，それを前提に，秋学期は個々の論点を深めながら全体をもう1巡させるという方法をとっており，本書はその構造を反映させたものになっている。法学の学習は，時間をかけて全体を何度も繰り返すことで次第に理解が深まっていくという性質が強いと指摘される。厚めの基本書を用いてそれを実行する場合には，わからないところは飛ばしながら何巡かさせていくうちに，わかる部分がだんだん増えてくるということになろう。しかし，〈1巡目に理解すべきところ〉と〈まだ理解しなくてもよいところ〉とを適切に判断するためには，すでに一定の理解が必要

になるという矛盾がある。本書では，最初から理解すべきところ
だけを1巡目として切り出すことで，その問題が生じないように
した。そして，1巡目と2巡目のそれぞれの中での各ブロックの
順序も合理的に並べ替えていることは，本書冒頭の「第一歩を踏
み出す前に」で触れたとおりである。

　本書の記述の仕方，および，デザインのすべてを含む形式面の
ディテールは，有斐閣法律編集局書籍編集部の浦川夏樹さんとの
共同正犯によるものである。本書は，企画の承認から2年あまり
で刊行されるが，制作時間の少なくない部分が，浦川さんと法学
出版界の常識を疑いつつお互いに煽り合いながら，細かな部分を
作り込むことに費やされた。本文のテキストデータを仕上げるだ
けでなく，それ以外の部分にもこだわりを発揮しながら紙の書籍
をつくる喜びを実感できたのは，幸せなことである。本文の内容
については，刑法学の観点から，執筆の最終段階で，松尾誠紀教
授，松原和彦准教授，荒木泰貴講師，山田雄大助教のみなさんに
よる貴重な幇助を受けている。

　本書は，元にしたレジュメを超える部分はほとんどすべて，有
斐閣に通い会議室をお借りして執筆することになった。出版社に
赴けば，自ずとそこの仕事の優先順位が最上位となって捗ること
がわかった。でも，いつの日か，どこでも自在に書けるようにな
りたい。

　　　令和元年8月15日　豪雨の神田神保町にて

　　　　　　　　　　　　　　　　　　　　　和 田 俊 憲

索　引

あ　行

新たな共謀 ……………………… 139
安楽死 ……………………………… 56
遺棄罪 …………………………… 158
意思決定 ………………………… 169
遺失物等横領罪 ………………… 157
意思抑圧に基づく同意 ………… 100
一部実行の全部責任 ……………… 41
一連一体性 ………………… 109, 116
一連の殺人行為 ………………… 132
一般予防論 ……………………… 176
意図 ………………………… 19, 121
違法性阻却 ………………… 52, 103
違法性の意識の可能性 ………… 64
意味の認識 ……………………… 118
因果関係の錯誤 …………… 28, 130
因果性の遮断 ……………… 48, 78
ウェーバーの概括的故意 ……… 131
応報 ……………………………… 163
応報刑論 ………………………… 176
遅すぎた構成要件実現 ………… 131
親子関係 …………………… 70, 95

か　行

概括的故意 ……………………… 122
悔悟 ……………………………… 167
害の均衡 ………………………… 54
隠語 ……… 38, 50, 66, 128, 146, 160, 182
覚醒剤所持罪 …………………… 118
拡張解釈 ………………………… 173
確定的故意 ………………… 19, 121

科刑上一罪 ……………………… 169
過失 ……………………………… 135
過失運転致死罪 ………………… 85
過失運転致傷罪 ………………… 74
過失行為 ………………………… 73
過失傷害罪 ………………… 72, 126, 145
過失致死罪 ………………… 72, 85, 126
過剰防衛 …………………… 60, 116
仮定的危険 ……………………… 154
過度に広範な処罰規定の禁止 …… 173
監禁罪 …………………… 53, 57, 85, 149
監禁致死罪 ……………………… 85
間接正犯 …………………… 81, 159
監督過失 ………………………… 145
観念的競合 ……………………… 169
管理過失 ………………………… 127
危険状況の設定 ………………… 87
危険の間接実現 …………… 46, 84, 131
危険の直接実現 …………… 46, 84, 131
器物損壊罪 ………… 60, 98, 157, 174
客体の錯誤 ……………………… 28
客体の不能 ……………………… 154
急迫不正の侵害 ………………… 102
恐喝罪 …………………… 149, 157
恐懼 ……………………………… 167
教唆 ………………………… 81, 165
強制性交罪 ……………………… 149
強制わいせつ罪 ………………… 149
共同義務 ………………………… 144
共同正犯 …………………… 81, 165, 184
共同の故意 ……………………… 42
共犯関係の解消 …………… 48, 138

共謀 ………………………… 41, 151
共謀共同正犯 ………………………… 41
共謀の射程 ………………… 49, 138
共謀の成立 ………………………… 43
共謀を成立させる行為 …… 45, 148
業務上過失致死傷罪 …… 72, 126, 145
寄与度 ………………………… 131
具体的危険 …………………… 32, 34
具体的危険説 ………………………… 153
具体的事実の錯誤 ……………… 130
刑事未成年 ………………… 62, 140
刑種の選択 …………………………… 36
刑の免除 ………………………… 163
結果回避可能性 …………… 71, 73
結果行為 ………………………… 159
結果に対する過失 ………………… 73
結果に対する故意責任 ……………… 25
原因行為 ………………………… 159
原因において自由な行為 ……… 159
現在の危難 ……………………… 54
現実的危険 ………………………… 153
現住建造物放火罪 ……………… 166
建造物損壊罪 …………… 53, 157
限定責任能力 …………… 63, 159
現場共謀 ……………………… 41
牽連犯 ………………………… 171
故意と行為の同時存在の原則
………………………… 20, 43
故意の可能性 ………………… 135
故意の個数 ……………………… 123
故意の成立 ……………………… 43
故意犯処罰の原則 ……………… 22
行為責任 ………………………… 44
行為と責任の同時存在の原則
………………………… 62, 159
行為の危険性 ………………… 74

行為の危険の結果への実現 ……… 73
広義の悔悟 ………………………… 167
攻撃の意思 …………………… 60, 114
構成要件該当性 …………… 52, 103
構成要件的故意 ……………… 134
構成要件モデル ………………… 159
強盗罪 …………………… 149, 155, 162
強盗殺人罪 …………………… 27, 150
行動の自由 ……………………… 74
勾留 ………………………… 160, 182
拘留 ………………………… 182
国民の知る権利 ………………… 179
個人的法益 …………… 53, 54, 172
個人の尊重 ……………………… 57
誤想過剰防衛 ………………… 135
誤想防衛 ………………………… 134
国家的法益 ……………………… 172

さ 行

罪刑の均衡 ……………………… 173
罪刑法定主義 ………………… 173
裁量的減軽 …………………… 36, 163
裁量的減免 …………… 116, 135
詐欺罪 ………………… 148, 157
作為義務 …………………… 70, 90
錯誤に基づく同意 ……………… 99
殺意の認定 ……………………… 121
殺人予備罪 …………………… 33, 152
慚愧 ………………………… 167
死因 ………………………… 11, 16
時間的・場所的近接性 …… 35, 109
死刑 …………………… 6, 36, 177, 180
自己の責めに帰すべき事由 ……… 91
事後法による刑の加重の禁止 …… 173
自殺関与罪 ……………………… 98
事実の認識 …………………… 21, 118

索　引

自首 ····································· 163
事前共謀 ································ 41
死体遺棄罪 ·························· 158
失火罪 ······························· 126
実行共同正犯 ······················· 41
実行行為 ··························· 25, 88
実行の着手 ··········· 35, 128, 132, 152
実行未遂 ····························· 165
十中八九 ······························ 71
質的過剰 ····························· 116
失敗未遂 ····························· 163
死亡時期 ······························ 12
社会的相当性 ························ 98
社会的法益 ·························· 172
酌量減軽 ······························ 37
自由意思 ····························· 101
重過失致死傷罪 ····················· 72
住居侵入罪 ······················ 53, 57
修正された客観的危険説 ·········· 153
重大な錯誤説 ························ 99
14 歳 ································· 63
終了未遂 ····························· 165
主観的要素 ·························· 140
純粋な客観的危険説 ··············· 153
障害未遂 ························ 128, 162
承継的共犯 ·························· 149
条件関係 ········ 9, 31, 71, 77, 88, 99
常識 ·········· 89, 95, 133, 156, 159
処断刑 ······················ 36, 162, 169
侵害回避・退避義務不存在の原則
 ····································· 105
侵害の急迫性 ···················· 59, 108
侵害の予期 ·························· 104
真摯な努力 ·························· 165
心神耗弱 ······························ 63
心神喪失 ······························ 62

真正不作為犯 ························ 68
信頼 ································· 145
信頼の原則 ·························· 125
心理的圧迫 ············ 15, 116, 135, 137
心理的因果関係 ····················· 46
心理的因果性 ············· 47, 77, 109
心理的危険 ··························· 88
制御能力 ······························ 63
制限従属性説 ······················ 140
脆弱な被害者 ························ 70
精神の障害 ··························· 63
〈正対不正〉の関係 ·············· 58, 109
正当業務行為 ···················· 57, 178
正当な取材活動 ···················· 178
正犯への従属性 ···················· 139
責任減少 ····························· 116
責任故意 ····························· 134
責任主義 ····························· 173
責任阻却 ······························ 62
責任非難 ····························· 166
責任無能力 ······················ 62, 158
責任モデル ·························· 159
積極的加害意思 ················· 59, 105
積極的加害行為 ···················· 114
窃盗罪 ···························· 53, 157
先行行為 ························ 93, 109
宣告刑 ···························· 36, 169
尊厳死 ······························· 56

た　行

逮捕罪 ································· 57
択一的競合 ··························· 89
択一的故意 ·························· 122
打撃の錯誤 ··························· 26
他行為可能性 ························ 64
だまされない自由 ··················· 99

単純一罪 …………………………171	判例法・慣習法による処罰の禁止
単純数罪 …………………………171	…………………………173
単独正犯 ……………………81, 142	非常識 ……………………89, 158
単なる願望 ………………………120	必罰主義 …………………………176
着手未遂 …………………………164	必要最小限度の防衛行為 ………116
注意義務 ……………………72, 125	必要的減軽 ………………………63
中止故意 …………………………164	必要的減免 ………………………163
中止行為 …………………………164	非難 ……………………65, 135, 177
中止未遂 ……………………128, 162	秘密漏示そそのかし罪 …………178
抽象的事実の錯誤 ………………156	不可罰 ……………………………52
超法規的責任阻却事由 …………62	不作為義務違反 …………………71
直接正犯 …………………………81	侮辱行為 …………………………111
適法行為の期待可能性 …………64	不真正不作為犯 …………………68
同意殺人罪 …………………55, 96	〈不正対不正〉の関係 …………109
同意能力 …………………………96	物理的因果関係 …………………46
同時傷害の特例 …………………150	物理的因果性 ………………48, 77
同情 ………………………………167	物理的危険 ………………………87
道徳の保護 ………………………178	不能犯 ……………………………154
動物傷害罪 ………………………174	フランクの公式 …………………167
道路交通法違反 …………………74	併合罪 ……………………………169
特別予防論 ………………………176	弁識能力 …………………………63
賭博罪 ……………………………50	防衛手段としての相当性 ……60, 115
	防衛の意思 …………60, 112, 141
な　行	法益 ……………………32, 53, 158, 178
	法益関係的錯誤説 ………………99
日常的な危険を超える危険 ………88	法益主体 …………………………96
任意性 ……………………………166	法益性欠如の原則 ………………53
人間の尊厳 ………………………57	法益性の欠如 ……………………98
	法益保護 ………………163, 178, 180
は　行	法益保護主義 ……………………172
	包括一罪 …………………………170
排他的支配 ………………………91	幇助 ……………………81, 165, 184
裸の事実 …………………………118	法条競合 …………………………170
罰条 ………………………………170	法定刑 ……………………36, 156, 169
早すぎた構成要件実現 …………132	法的評価の認識 …………………22
犯罪事実の認識・認容 ……21, 118, 134	方法の錯誤 ………………………26
犯罪の社会的実体 ………………142	
犯罪の主役 ………………………81	

法令行為 ······································ 57
保護責任者遺棄罪 ·························· 69
補充性
　緊急避難の—— ························ 54
　刑法の—— ····························· 177
保障人的地位 ························· 70, 90

ま　行

未終了未遂 ································· 164
未必的故意 ···························· 21, 119
無害な行為についての罰則の禁止
　······································· 173
明確性の原則 ······························ 173
名誉毀損罪 ································· 53
目的刑論 ···································· 176

や　行

優越的利益の原則 ·························· 55
緩やかな均衡 ······························ 110
予見 ·· 26
予見可能性 ····························· 72, 145
　結果—— ······························· 127
予備 ··································· 152, 163

ら　行

離隔犯 ······································ 33
量的過剰 ···································· 116
類推解釈の禁止 ···························· 173
類推適用 ······························ 135, 137
類的故意 ···································· 123
憐憫 ·· 167

わ　行

悪さ ·· 169

● 著者紹介

和 田 俊 憲（わだ・としのり）

昭和50年5月　　東京で生まれる
昭和63年4月　　筑波大学附属駒場中学校鉄道研究同好会入会
平成10年3月　　東京大学法学部卒業
平成10年4月　　東京大学助手
平成13年7月　　北海道大学助教授
平成18年9月　　慶應義塾大学助教授
平成25年4月　　慶應義塾大学教授
平成25年11月　『鉄道と刑法のはなし』（NHK出版）
令和2年4月　　東京大学教授
令和3年3月　　『刑法と生命』（放送大学教育振興会）
令和3年8月　　東京大学鉄道研究会顧問
令和4年10月　　『10歳から読める・わかる　いちばんやさしい刑法』
　　　　　　　　（東京書店）

どこでも刑法　#総論
Lernu kriminalan juron ie ajn.

令和元年10月10日　初版第1刷発行
令和5年2月10日　初版第5刷発行

著　者　和　田　俊　憲

発行者　江　草　貞　治

発行所　株式会社　有　斐　閣　　郵便番号　101-0051
東京都千代田区神田神保町 2-17
http://www.yuhikaku.co.jp/

印刷・大日本法令印刷株式会社／製本・大口製本印刷株式会社
© 2019．Toshinori Wada．Printed in Japan
落丁・乱丁本はお取替えいたします。
★定価はカバーに表示してあります。
ISBN 978-4-641-13939-8

JCOPY　本書の無断複写（コピー）は、著作権法上での例外を除き、禁じられてい
ます。複写される場合は、そのつど事前に（一社）出版者著作権管理機構（電話03-
5244-5088、FAX03-5244-5089、e-mail：info@jcopy.or.jp）の許諾を得てください。